"당신이 계셨기에 지금의 제가 있습니다."

할머니의 사랑과 희생에 깊이 감사드리며
이 책을 당신께 헌정합니다.

나는 이혼가정의 자녀입니다

부모의 이혼을 겪어낸 자녀들이 자기의 가치를
새롭게 규정하는 방법, 재창조 마인드셋!
부모의 이혼은 변수! 내 가치는 상수!
부모의 이혼이 만들고 할머니가 키워낸
이혼가정 출신의 꿈 이야기

류에스더 지음

나는 이혼가정의 자녀입니다

마음세상

이 책을 추천합니다

이 책에는 이혼가정에서 성장한 자녀들이, 이 세상의 편견이 만들어 낸 그런 잘못된 가치가 아닌, 나 자신의 진정하고 소중한 가치를 새롭게 정립함으로써, 가정에서나 세상에서 어떤 역할로서가 아닌, 진정한 나 (True Self)를 사랑할 수 있게 되고, 더 나아가 진정한 자기를 실현할 수 있도록 이끌어주는, 류 에스더 작가님의 상담전문가로서의 진정성과 따뜻한 외침이 오롯이 담겨있다. 사실 나 자신의 아픔과 상처, 연약성과 취약함을 이 세상에 그대로 드러낸다는 것은, 엄청난 용기를 필요로 하는 것이다. 그럼에도 불구하고, 류에스더 작가님은 이혼가정에 대한 치유와 성장을 바라는 자신의 꿈과 불꽃 같은 열정으로, 자신의 상처를 드러내는데 아무 주저함이 없다. 그 용기와 열정에 진심으로 존경과 힘찬 응원을 보내드리고 싶다. 또한 이 소중한 책을, 이혼가정에서 성장한 모든 분과, 그분들을 좀 더 이해하고 싶은 분들께, 그리고 상담 현장에서 이혼가정을 상담하고자 하는 모든 상담사님께 기쁜 마음으로 추천하고 싶다.

_미국 서던 캘리포니아 데이브레이크대학교 총장 오제은

인생을 사는 동안 우리의 의지와 상관없이 수많은 어려움이 찾아옵니다. 그때마다 우리의 작은 힘으로 극복할 수 있는 일도 있고 때로는 너무 버거운 힘든 상황들도 많이 있습니다. 하지만 시간이 흐르고 뒤돌아보면 수많은 도움의 손길들이 나의 곁에 있었고 또 모든 것을 이길 힘을 주는 하나님이 계시기에 오늘도 힘을 내어봅니다. 추운 겨울을 이겨내야 꽃이 피듯이 우리의 인생도 그렇게 더 아름답고 찬란한 꽃이 되길 바랍니다. 류 에스더 작가님과 함께 국내 최초 이혼가정 자녀를 위한 심리치료 음악을 제작했던 모든 과정은 저에게 의미 있고 보람된 시간이었습니다. 특별히 심리치료 음반과 음원에 이어 귀한 책까지 출간하는 작가님의 행보에 적극적인 지지와 응원을 보내고 싶습니다. 작가님의 진정성이 담긴 치료 음반과 음원에 이어 출간되는 책이 이혼가정의 치료와 성장에 큰 힘이 될 것이라 믿습니다. 이 책과 더불어 앞으로 출간되는 책들까지도 이혼가정의 자녀뿐 아니라 관심 있으신 많은 분이 꼭 읽으셨으면 합니다. 물론 음반과 음원도 함께 들으셨으면 합니다. 류 에스더 작가님의 특별하고 귀한 음악과 책으로 함께할 수 있어서 너무 행복했습니다.

_CCM PRODUCER 이권희
사명, 천 번을 불러도, 내 삶의 이유라, 순종 등 400여 곡 작사, 작곡, 프로듀싱. 백석예술대학교 작곡과 교수 역임.

진심 마음이 뜨거워지는 책이다!

작은 시골 마을에서 나는 에스더와 유년기를 함께 보냈다. 그 당시 중고등학생이었던 내가 보기에도 에스더를 둘러싼 환경은 열악했다. 만만치 않은 환경에서도 에스더는 할머니 품에서 그 누구보다 강하고 반듯하게 자라났다. 그녀를 보면서 누군가가 성장하는 데는 돈이 전부가 아님을 알게 되었다. 결국, 결손 가정이라는 사회가 부여한 거친 틀에 갇히지 않고 척박한 땅에서 그녀가 일구어낸 아름다운 열매를 보게 된다. 그리고 부모보다 더 큰 사랑을 주는 존재도 있다는 것을 새삼 깨닫게 된다. 힘든 터널을 지나며 오랫동안 담금질 된 에스더 작가는 이제 보검과 같이 빛나는 존재가 되었다. 나는 이 글을 읽는 어린 에스더 같은 독자들에게 이 말을 해 주고 싶다.

당신이 바로 '에스더'라고!

_서울대학교 응용생물화학부 교수 김광형

프롤로그

'When life gives you lemons, make lemonade!'
운명이 당신에게 레몬을 주었다면 그것으로 레모네이드를 만들어라.

부모님이 이혼했다. 나는 '이혼가정'의 자녀가 되었다. 그것은 내가 원하든 원하지 않든 상관없이 '이혼가정'이나 '한부모 가정' 혹은 '결손가정'의 자녀라는 이름표를 사회로부터 부여받았다는 의미이기도 했다. '다름'과 '다양성'에 지독히도 차갑고 인색한 세상은 그렇게 내 어린 인생에 쓰디쓴 레몬을 손에 쥐여 주었다. 그 당시 나는 인생을 알기에는 너무 어렸고 이것이 앞으로 내 인생에 어떤 영향을 줄 것인지 전혀 예측하지 못했다. 예상했다시피 이혼가정 자녀라는 이유만으로 찾아온 고난과 역경은 만만치 않았다. 당신은 어떠했을지는 모르겠으나 나를 찾아왔던 고난과 역경은 내 인생 전반에 걸쳐 매번 나타난 것은 아니었다. 지극히 국한된 시기에 강력하게 나타났다. 그 고난과 역경의 힘은 나를 통째로 흔들어 놓기에 충분했고 생명까지도 위협하고 있었다.

그러던 어느 순간이었다. 나는 내 손에 쥐어진 레몬이 오히려 레모네이드를 만들 수 있는 중요한 핵심 재료임을 깨달았다. 바꾸어 말하면 레모네이드를 만들기 위해서 레몬은 꼭 필요한 재료라는 점이었다. 나는 쓰디쓴 레몬으로 맛있는 레모네이드를 만들 수 있는 충분한 힘을 가진 사람이라는 것도 깨닫게 되었다. 그 힘을 가질 수 있게 해 준 사람이 바로 엄마를 대신해 나를 키워 준 할머니다. 부모의 이혼을 경험한 내 인생에 할머니의 등장은 말 그대로 신의 한 수였다. 따뜻하고 온유한 성품을 지닌 할머니의 희생적인 사랑과 전폭적인 지지를 받으며 자랄 수 있었으니 말이다. 이것은 내가 인생의 고난과 역경을 통해 한층 더 깊은 나로 성장할 수 있도록 했고 보다 높은 삶의 가치를 지닌 인생 이야기를 만들 수 있도록 핵심 에너지로 발현되었다.

지금 이 책을 집어 든 당신은 혹시 알고 있는가? 당신이 겪는 모든 고난과 역경이 당신만의 독특한 스펙이 될 수 있다는 사실을 말이다. 이런 말이 생소하게 들릴 수도 있겠다. 고난과 역경이 무슨 스펙이 될 수 있다는 건지 의아해할 수도 있겠다. 이해한다. 충분히 이해한다. 현재 당신이 어떤 생각을 가지고 있든 어떤 말을 하든 상관없다. 어디까지나 그것은 당신의 자유이니까 말이다. 그러나 나는 이 책을 통해 당신에게 분명히 말할 수 있다. 고난과 역경은 더 이상 우리가 숨겨야 하는 비밀스러운 수치가 아니라고! 우리를 통째로 흔들어 고통스럽게 했던 고난과 역경이 누군가를 살리고 세우는 일에 쓰인다면 그것은 세상에서 당당히 빛을 발하는 스펙이 될 수 있다. 그러니 더 이상 감추지도 말고 그 뒤에 숨지도 마라. 드러난 고난과 역경은 더 이상 고난과 역경이 아니다. 당당한 인생의 강력한 무기이며 자산이다. 그리고 빛나는 스펙이다. 이것이 바로 먹지 못할 만큼 쓰디쓴 레몬을 새콤달콤 맛있는 레모네이드로 만드는 비법이다.

나는 내게 찾아오는 고난과 역경을 그대로 지나가도록 내버려 두지 않았다. 내 생명까지도 쥐고 흔들며 만신창이로 만들었던 것만큼 고난과 역경은 그 대가를 반드시 치러야 했다. 나는 역경이 나에게 던지고 있는 긍정의 메시지를 끈질기게 찾아냈고 나만이 가질 수 있는 특별한 자산이자 독특하고 고유한 스펙으로 만들어 가기 시작했다. 그렇다. 역경은 그것을 대하는 마음 자세에 따라 자신만의 독특한 스펙을 만들 수 있고 사람을 살리는 사명으로 연결할 수 있는 핵심 에너지로 작용한다.

그렇다면 부모의 이혼을 경험한 우리에게 찾아올 수 있는 고난과 역경에는 과연 어떤 것들이 있는가? 세상에는 똑같은 사람이 존재하지 않듯 각기 다른 상황에서 경험하고 느끼는 고난과 역경은 매우 다양하리라 생각된다. 예를 들어 주요 애착 대상의 상실로 인해 생겨날 수 있는 우울과 불안, 분노 등의 심리, 정서적 측면이라든지 세상의 부정적인 시선 즉, 외부로부터 들어오는 편견에 대한 위험성이라든지 경제적 어려움으로 인해 겪을 수 있는 여러 가지 부작용 등 그 밖에 다양한 것들이 존재하리라 생각한다. 그중 내 개인적인 경험을 근거로 크게 두 가지 측면으로 정리해서 이야기하고자 한다. 하나는 이혼가정의 자녀라는 이유로 겪어야 하는 세상의 부정적인 편견이며 또 하나는 경제적 어려움이다. 부당하게 쏟아지는 편견을 우리가 어떻게 바라보고 해석하며 당당히 맞서야 하는지에 관한 이야기며 부모의 이혼으로 인해 생겨난 생활의 어려움에 대해 어떤 생각과 마음의 자세가 필요한지에 관한 이야기이다. 내가 굳이 두 가지 주제를 선택한 이유는 첫째, 내가 실제로 겪은 것 중에 가장 힘들었던 경험으로 이것을 어떻게 극복했는지를 자신 있게 들려줄 수 있다는 점이고 둘째, 세상의 편견 어린 시선, 즉 외부로부터 들어오는 부정적인 영향력은 우리가 통제할 수 없는 영역임을 깨닫고 이에 대해 우리가 어떤 생각과 자세로 대처해야 하는지 함께 공유해야 할 중요성을 깊이 깨달았기 때문이다. 이혼가정 자녀의 나이가 어리면 어릴수록 부정적인 편견에 노출되었을 때 그 영향력은 상상 이상으로 크며 건강한 성장에 치명적이라는 것은 굳이 전문가가 아니어도 짐작할 수 있는 부분이다.

세월의 흐름과 함께 급격히 증가하는 이혼율과 그에 발맞춰 점점 늘고 있는 것은 이혼가정의 자녀들이다. 통계에 따르면, 이혼 시점의 평균 연령이 2010년도를 보면 남자가 45세 여자가 41세로 이혼 부부들에게는 55%에서 70% 이상이 미성년의 자녀가 있다. 이혼율이 제일 높았던 2003년도에는 그 수가 무려 19만 명에 육박했고 그들의 미성년 자녀들은 부모의 이혼을 직접 경험하였다고 보고되고 있다. 2017년 최근 우리나라 한부모 가구 수의 통계를 보더라도 약 212만 7천 가구로 전체 가구의 10.9%에 해당하며 지속해서 늘어나고 있다는 것을 알 수 있다. 즉, 10가구 중 1가구가 한부모 가정이라는 것이다. 한부모가정이 되는 이유는 매우 다양하지만, 그 가족의 형태는 이미 우리 주변에서 쉽게 찾아볼 수 있다는 의미이다. 나는 급격히 증가하는 이혼율에 비해 좀처럼 나아지지 않고 있는 주변의 부정적인 시선들을 결혼이라는 제도를 통해 직접 경험해야 했다. 지금에서야 깨닫게 된 사실이지만 결혼 전 긴 세월 동안 이혼가정 자녀라는 사실만으로 부당한 일을 겪었거나 불편한 시선과 편견으로 인해 충격적인 피해를 본 특별한 기억이 없었다는 것이다. 이것이 얼마나 다행한 일이고 감사한 일이었는지 힘든 경험을 하고 나서야 깨닫게 되었다. 내가 그동안 의식하지 못했다는 것은 나를 이혼가정의 자녀라는 편견 어린 시선이 아닌 단 하나의 인격체로 대해 주었다는 의미이기도 하다.

이렇듯 결혼이라는 제도는 새 사람을 내 가족의 구성원으로 맞이하는 일로 그만큼 중요한 일이 아닐 수 없다. 그렇기에 평생 함께할 배우자를 선택하는 기준과 새로운 사람을 가족으로 받아들이는 것에 대한 조건이 더 엄격하고 까다로워지는 이유다. 특히 개인보다 가족 단위의 중심으로 이루어진 문화를 가진 우리나라는 그 성격이 더 강하다. 이것이 이혼가정 자녀들을 바라보는 세상의 부정적인 편견과 불편한 시선에 대한 개선이 무엇보다 시급한 이유이다. 이러한 생각은 사실 어제와 오늘만의 이야기는 아니며 당신과 나만의 이야기도 아니다.

나는 이 책들을 통해 우리가 겪는 고난과 역경이 자신만의 독특한 스펙이 되고 사람을 살릴 수 있는 사명으로 연결될 수 있음을 이야기하려 한다. 그러기 위해 꼭 필요한 마음의 힘을 여섯 가지로 정리해 보았다. 나의 이야기는 총 세 권의 책으로 엮었으며 그중 첫 번째 책은 부모의 이혼을 시작으로 고난과 역경을 겪어낸 자신의 가치를 새롭게 규정함으로써 자기를 소중하고 대견하게 여기고 편견에 따른 외부의 공격에서 자신을 보호하며 지켜내는 힘, 독특한 자신만의 경험을 특별히 여길 것을 이야기하고 있다. 두 번째 책에서는 이혼가정 자녀들이 세상 앞에 당당히 설 수 있도록 부정적인 편견들을 제압하고 한계를 벗어나기 위한 마인드 셋을 이야기했다. 마지막으로 세 번째 책에서는 우리가 겪어냈던 고난과 역경이 소중한 가치라는 것을 깨닫고 사람을 살리고 세우는 선한 도구임을 인정하며 거룩한 가치인 사명으로 연결하는 이야기를 담았다.

우리의 소중하고 독특한 고난과 역경이 사람을 살리고 세우는 사명으로 연결되기까지는 순서가 필요하다. 부모의 이혼을 시작으로 고난과 역경을 겪어낸 자신의 가치를 새롭게 규정하는 것이 선행되어야 한다. 이것이 먼저 가능해질 때 나의 이야기는 당신의 고난과 역경이 스펙을 넘어 사명으로 연결되도록 인도할 것이다. 따라서 나는 첫 번째 책을 시작으로 두 번째 책, 세 번째 책을 순서대로 읽어보길 권한다. 세 권의 책에 차곡차곡 담긴 여섯 가지 주제에 대한 나의 진심이 당신의 마음에 닿길 소망한다. 자, 그럼 나의 이야기를 시작해 보겠다.

아늑한 새벽 쪽방 연구실에서
류에스더

Contents

제2장 자신을 지키는 힘

제1장

자신의 가치를 아는 것

당신은 얼마인가!

당신은 누군가의 인생 값이며 생명 값으로 치러진
귀한 존재임을 기억하라!

당신은 얼마인가? 당신이 품고 있는 가치는 얼마인가? 당신은 당신의 가치를 계산하는 기준이 있는가? 당신의 값을 세상을 향해 당당히 말할 수 있는가? 나의 이런 질문에 마음이 불편한 사람도 있을 것이다. 미친 것 아니야? 감히 사람을 어떻게 값으로 계산한다는 거지? 세상에 유일무이한 존재를 값으로 따진다고? 이런 무슨 말 같지도 않은 소리야! 그렇다! 미친 소리고 말 같지도 않은 소리다. 그 자체로도 고귀한 가치를 품고 있는 사람이라는 존재는 감히 이 세상의 어떤 값으로도 계산할 수 없는 대상이다. 유전학적으로도 부모가 만나 결혼하고 출산했을 때 '나'나 '당신'이라는 사람이 태어날 가능성은 300조에서 400조분의 1밖에 되지 않는다고 한다. 이것은 10번 연속으로 복권에 당첨되는 것보다 적은 확률이며 번개에 7번 맞을 확률보다 더 희박하다. 따라서 우리는 유일무이하고 불가능할 정도로 희박한 확률을 뚫고 태어난 귀한 존재들이다. 그러나 당신도 알다시피 동서양을 막론하고 이러한 존재를 계급사회의 신분제도에 따라 종이나 노예라는 딱지를 붙였던 시대가 있었다. 그 딱지를 받은 사람들은 평생 주인을 위한 삶을 살아야 했고 그 가치가 다하면 물건처럼 사고 팔려야 했다. 그것도 후손에 이르기까지 대대로 말이다. 그 후손은 숙명처럼 자신의 신분을 받아들인다. 자신이 태어나자마자 왜 노예나 종이라는 낙인이 새겨져야 하는지 궁금해하지 않는다. 왜 물건처럼 사고 팔리는 존재인지 그것에 대한 조금의 의심 따위는 하지 않는다. 그렇게 낙인이 찍힌 채로 한평생을 살아간다. 인간으로서의 소중한 가치를 처참하게 침해당한 채로 말이다. 잔혹한 인간의 욕망이 빚어낸 실로 참혹한 역사의 퍼즐 조각이 아닐 수 없다.

나는 여기에서 계급사회나 신분제도 노예나 종에 관한 이야기를 하려는 것이 아니다. 그렇다고 사람의 가치를 돈으로 계산하자는 것은 더더욱 아니다. 이혼가정의 자녀라는 이유만으로 우리가 속해있는 사회나 세상으로부터 받는 편견에 관한 이야기를 하려는 것이다. 편향된 사고로 바라보는 시선으로부터 소중한 가치가 얼마나 더 침해당해야 하는 것인지에 관한 이야기를 하자는 것이다. 이는 앞서 이야기한 신분제도가 만들어 낸 낙인의 참혹한 역사나 무엇이 다를까 하는 의문이다. 더 큰 문제는 이러한 부정적 편견이나 낙인을 어리면 어릴수록 숙명처럼 받아들인다는 점이다. 가정의 형태가 변한다고 해서 그 안에 구성된 가족의 존엄성과 가치가 변하는 것은 아니다. 가정이 어떤 형태를 띠고 있든 인간의 존엄성은 반드시 지켜져야 한다.

　나는 다시 질문하고 싶다. 당신은 누구의 인생 값으로 치러진 존재인가? 당신은 누구의 생명 값으로 존재하고 있는 사람인가? 그렇다. 우리는 혼자서 이 세상에 태어나고 존재할 수 없는 생명체다. 이혼한 부모가 밉고 더 이상의 존재 자체도 싫어져 자신의 인생에서 완전히 차단하고 거부한다고 할지라도 부모는 나의 시작점이고 탄생의 근원이라는 진실은 변하지 않는다. 말 그대로 숭고한 자연의 섭리로 우리는 이 땅에 태어났고 살아서 숨을 쉬고 있는 것이 아니겠는가.

　나는 어린 시절 이혼한 부모가 미웠다. 원망스러웠고 싫었다. 잔뜩 화가 나 있었고 분노하고 있었다. 내가 버려졌다는 말에 더욱 치를 떨었고 보란 듯이 성공으로 복수해 주겠다며 상처받은 마음에 날을 세워 칼을 갈듯이 분노를 갈았다. 버릴 것이었다면 왜 낳았어? 키우지 못할 거라면 왜 낳았어? 왜 마음대로 낳고 마음대로 버려? 부모라면서 자식 하나 책임을 못 져? 그것이 부모야? 자식을 버리는 것이 사람이야? 자식이 물건이야? 장난감이야? 쓸모없으면 맘대로 버려도 되는 거냐고? 내 안에 상처들은 부모를 향해 울분을 토해냈고 절규하고 있었다. 부모의 존재를 인정하고 싶지 않을 만큼 싫었다. 내 자존감은 처참하게 바닥으로 내쳐졌고 그것은 나를 세상으로부터 더욱 움츠러들도록 만들고 있었다. 세상은 어린 나에게 버려진 불쌍한 존재라고 말하고 있었다. 당신도 나와 같은 경험을 했는지 모르겠다. 굳이 물어보고 싶지는 않다. 아직 상처와 아픔을 햇볕에 내놓을 마음의 준비가 되지 않았을 수 있으니 말이다. 그런데 말이다. 나는 버려진 존재가 아니라는 것을 알게 되었다. 부모에게 버려진 존재도 아니었고 버려진 것처럼 함부로 키워지지도 않았다는 사실을 깨닫게 된 것이다. 부모의 이혼이 곧 자녀가 그 부모에게서 버려진다는 것을 의미하진 않는다. 오히려 다른 시각으로 보면 버려진 것이 아니라 한쪽 부모로부터 지켜졌다는 사실을 알 수 있다. 책임감이 있는 한쪽 부모로부터 온전히 지켜진 것이다. 비단 자녀를 지키는 사람이 부모가 아니어도 괜찮다. 상황에 따라서는 조부모가 될 수도 있고 친척이 될 수도 있고 선생님이든 그 어떤 누구든 상관없다. 누구든 책임감이 강한 건강한 어른일 테니까 말이다. 그렇게 지켜진 우리에게 누군가는 별생각 없이 무책임하게 툭 말을 내뱉기도 한다. 부모로부터 버려진 아이들이라고 무너진 가정에서 보호되지 못한 존재라고 말이다. 이 편향된 시각은 우리에게 엄청난 상처를 준다. 그리고 그 부정적인 프레임에 우리를 옭아맨다. 마치 진짜 그런 것처럼 무의식에 스며들게 만든다.

'너희는 부모가 버린 존재야.'

'너희는 부모로부터 보호받지 못하는 존재야.'

'너희는 불쌍한 존재야.'

'너희는 이미 값싼 밑바닥 인생으로 정해진 존재야.'

'너희는 세상이 말하는 성공의 맛을 볼 수도 없을 거야.'

'너희는 정서적으로 불안한 존재야.'

'부모가 없어 문제가 늘 따라다녀.'

'챙길 사람이 없으니 학교생활이야 오죽하겠어.'

'늘 애가 어두워.' 등의 올가미들 말이다.

설마 진짜 이런 편견들이 있다고? 혹여 부모의 이혼을 경험해 보지 못한 사람들은 믿지 못할 수도 있겠다. 사실 나도 치열하게 믿고 싶지 않다. 그러나 우리의 바람과는 달리 이혼가정 자녀라는 사실이 알려지면서 겪게 되는 편견의 시선들은 안타깝게도 존재한다. 다양한 편견 중에도 치명적인 칼을 품고 있는 수위 높은 편견들도 존재한다.

더욱 안타까운 것은 부모의 이혼을 경험한 자녀의 나이가 어리면 어릴수록 이러한 말들을 필터링 없이 받아들이게 된다는 것이다. 자신이 버려진 존재라는 치명적인 프레임에 갇히게 되면 마치 노예나 종의 낙인처럼 자신의 무의식에 숙명처럼 각인시킬 가능성이 크다는 것이다. 그렇게 된다면 자신을 진짜 버려진 존재로 쓸모없는 하찮은 생명체로 여기며 살아갈 위험성이 높아지게 되는 것이다. 생각만으로도 정말 아찔하고 끔찍한 일이 아닐 수 없다. 아이들의 인생을 책임지지 않는 무책임한 사람들의 입에서 터져 나오는 쓰레기 같은 말들이 이젠 더 이상 이혼가정 자녀들에게 상처를 주고 그들의 인생 전체를 흔드는 일은 없어져야 한다. 그에 앞서 자신이 얼마나 소중한 존재인지를 먼저 깨닫도록 해야 한다. 높은 가치를 지닌 우리는 우리를 지켜 준 사람의 인생 값과 생명 값으로 치러진 존재임을 깨닫게 되는 과정은 매우 중요하다 하겠다.

나는 나에게 함부로 대하는 사람들을 보면 마음 깊은 곳에서부터 필터를 거치지 않고 본능적으로 터져 나오는 말이 있다.

'나는 당신이 함부로 해도 될 만큼 막 키워지지 않았어! 당신이 함부로 대해도 되는 하찮은 사람으로 키워지지 않았어! 나는 우리 할머니의 자부심으로 키워졌어! 함부로 선 넘지 마!'

나만 그런가? 당신도 그렇다. 당신도 어느 한쪽의 부모로부터 소중한 가치로 지켜지고 키워진 사람이다. 당당하게 살아서 존재감을 나타내고 있는 지금의 당신 안에는 당신을 지키고 키워낸 사람의 인생과 생명이 들어있는 것이다. 이 세상에 혼자 태어나고 자라고 성장한 사람은 없다. 신이 아닌 이상 말이다. 나는 당신이 얼마나 소중하고 가치 있는 존재인지 깨닫길 바란다. 진심이다. 세상이 주는 부정적이고 일그러진 프레임에 당신을 가두지 않길 바란다. 현재의 당신이 있기까지 인생과 생명을 당신의 인생에 갈아 넣은 사람을 떠올리길 바란다. 앞서 이야기한 것처럼 그것이 누구이든 상관없다. 굳이 부모가 아니어도 좋다. 조부모가 아니어도 좋다. 선생님이어도 좋다. 친구라도 좋고 하나님이라도 좋고 당신이 생각하는 그 어떤 존재여도 좋다. 부디 1장에서는 당신을 지켜 준 고마운 존재를 생각하며 당신의 소중한 가치를 깨닫는 시간이 되길 진심으로 바란다.

소중한 가치는 위기 속에서도 빛이 난다

'위~잉~~~윙윙윙~~턱!~~위~~이잉~~직~지직~지거지거~직직
~'

둔탁하게 신음을 내며 힘겹게 돌아가는 낡은 믹서기 소리가 작은 방을
가득 채우고 있었다. 김치를 담그기 위해 준비하시는 할머니를 도와 나
는 작은 방 한가운데서 낡은 믹서기의 버튼을 눌렀다 뗐다를 반복했다.
빨간 고추, 하얀 마늘, 노란 생강, 약간의 물이 들어있는 믹서기를 각양각
색의 양념들이 칼날에 끼이지 않도록 세심하게 요리조리 흔들어 대며 갈
고 있었다. 양념들이 갈아지는 모습을 뚫어지게 쳐다보며 고도로 집중하
던 그때 나는 갑자기 궁금해졌다.

'위에서는 어떤 모습으로 뒤섞여 갈아질까?'

위에서 보려고 애를 썼으나 믹서기 뚜껑 때문에 잘 보이지 않았다. 호

기심이 많았던 나는 여러 가지 양념들이 뒤섞여 갈아지는 모습을 너무 보고 싶었다. 뚜껑을 잡고 힘을 주어 살짝살짝 건드려 보았다. 단단히 닫혀 있어 꿈쩍도 하지 않았다. 손에 힘을 주어 다시 한번 시도했다. 역시나 꿈쩍도 하지 않았다. 그러다 에라 모르겠다는 생각에 과감히 뚜껑을 열었다. 밀착되어 있던 플라스틱 뚜껑이 펑 소리를 내며 열렸다. 열리는 소리가 상쾌하니 기분이 좋았다. 나는 반짝이는 눈으로 바짝 안을 들여다 보았다.

'와~ 이제 잘 보인다.'

빨간 고추와 노란 생강 하얀 마늘 등 갖가지 양념들이 믹서기의 칼날에 사정없이 빨려 들어가 들썩거리며 신나게 갈아지고 있었다. 옆쪽에서 보는 것과는 또 다른 재미가 있었다. 어느새 돌아가는 양념 덩어리 속에 내 정신도 빨려 들어가 무아지경으로 함께 갈리고 있었다. 그때였다. 날카로운 기계 소리가 크게 한 번 나더니만 갑자기 눈앞이 보이지 않았다.

'위이잉~~~직~직~지지직~~~~'

'퍽!'

그놈의 고약한 믹서기가 있는 힘껏 들썩거리며 신나게 갈아내던 시뻘건 양념을 호기심 가득한 내 눈을 향해 냅다 뱉어 버렸다. 핵폭탄급 매운 양념은 인정사정 볼 것 없이 정확히 내 눈두덩이를 강타했다.

"악!"

불같이 뜨겁게 화끈거리는 양념의 공격에 놀란 나는 급하게 손으로 닦아내려 애를 쓰고 있었다. 그러나 빨간 고추, 하얀 마늘, 노란 생강의 어벤저스급 매운 에너지가 눈은 물론이고 콧구멍까지 비집고 들어왔다. 이미 내 힘으로는 감당할 수 없는 지경이었다.

"아아~~아~앙~~~~할머~~~니~~아~~눈~~눈 내 눈! 앙~~~~"

비명을 지르며 방문을 박차고 뛰쳐나오는 다급한 나의 모습에 할머니는 씻던 열무들을 마당 샘터에 내팽개치고 혼비백산 뛰어오셨다.

"아이고~~~ 어쩐댜~~~ 아이고~ 이게 웬일이랴아~~~ 시상이~~ 이게~~어쩐 일이여~~"

"할머니~아~~ 고추가~양념이~ 아아~내 눈! 내 눈!~앙~~~눈에~아 아~앙~~~"

매운 양념은 내 눈과 코 얼굴 주변을 벌겋게 물들이며 눈물 콧물을 쏙 빼놓았다. 닦아낸다고 한 것이 오히려 눈과 코에 더 들어가게 했던 것이다.

"어디~~어디 보자~시상이 ~~~어쩌다 이랬댜~~오메~시상이~~"

깜짝 놀란 할머니는 일단 급한 대로 머리에 쓰고 있던 수건으로 눈물 콧물 양념 범벅이 된 내 얼굴을 닦아주셨다. 그리고는 눈도 뜨지 못하는 내 손을 이끌어 샘터로 향하셨다. 나는 제대로 떨어지지 않는 발을 더듬거리며 샘터 가장자리 위에 잔뜩 쭈그리고 앉았다. 그리고는 거북이가 얼굴을 앞으로 내밀 듯 할머니를 향해 쑥 내밀었다. 할머니는 나의 뒷머리를 한 손으로 움직이지 않도록 잡으시고 샘터에 언제부턴가 터줏대감처럼 떡하니 자리를 잡고 있었던 딱딱하고 갈라진 비누에 거품을 내어 미치도록 화끈거리는 내 얼굴을 구석구석 씻겨주기 시작하셨다. 옅어진 비누 향기와 소량의 거품만 살짝 느껴질 뿐 대부분 세월에 거칠어지고 갈라진 할머니의 투박한 손바닥 피부가 얼굴 전체에 느껴졌다. 그래서 더 아팠다.

"윽! 아아~~ 악! 아니 그게요오~~~양념이 어떻게 갈아지는지가 보고 싶어서 위에 뚜껑을 열었는데……. 그게 팍! 튀었어요."

"하이고~~~시상이나~~~양념이었으니 망정이지 을마나 놀랐는지 그냥 가슴이 지금도 벌렁벌렁 허네~~하이고~~시상이~~"

할머니는 놀란 가슴을 쓸어내리며 매운 기운에 잔뜩 부어오른 내 얼굴과 젖은 머리카락을 계속 닦으시고 쓸어 올려주셨다. 그리고는 얼굴의 남은 물기를 닦아주셨다.

"하이고~나는 니가 소리 지르면서 뛰쳐나오길래 봤더니만 시상이나 ~~~얼굴이 뻘겋게 보여갖꼬 나는 니가 피범벅이 된 줄 알고 을마나 놀랐는지 아냐아! 시상이나 참말로~~~~하이고오~다행이여. 참말로 다행이다. 너 큰일이 난 줄만 알고……. 참말로~하유후~"

노안에 백내장으로 눈이 더욱 침침해져서 잘 보이지 않았던 할머니셨다. 그랬던 할머니가 느닷없이 얼굴이 빨갛게 되어 죽을 듯이 소리치며 뛰쳐나오는 손녀 모습을 보았으니 어찌 놀라지 않을 수가 있었겠는가! 마치 얼굴에 피범벅이 된 손녀가 살려달라고 소리치는 긴박한 상황으로 보였을 테니 말이다. 호기심 많고 엉뚱한 손녀 덕분에 벌렁벌렁 놀란 가슴을 겨우 쓸어내려야 했던 할머니였다. 다행이다. 다행이다. 안도의 한숨과 함께 번진 할머니의 미소는 세월이 촘촘히 박힌 주름진 얼굴 위에서 한껏 기지개를 켰다. 어쩌면 소소한 일상 속 보통의 이야기일지도 모르겠다. 그러나 나는 그 일상에서 촘촘하게 경험했던 할머니의 따뜻한 에너지를 내 마음속에 저장했다. 그리고 삶의 여정 속 내 존재감이 약해질 때마다 그 보석 같은 사랑을 꺼내어 보곤 한다. 혹시 당신 마음속에도 힘들 때 꺼내 볼 수 있는 저장된 보석이 있는가? 우리는 살아가면서 예상치 못한 위기나 위급상황에 맞닥뜨리는 경우가 심심치 않게 많다. 그러한 상황에 처 해 있을 때 누군가에게 도움을 받을 수 있다는 것은 얼마나 감사한 일인지 모른다. 도움을 구할 수 있는 대상이 주변에 있다는 것도 얼마나 다행한 일인지 모른다. 위급할 때 조금이라도 의지할 수 있는 믿음의 대상이 있다는 것이 될 터이고 또 다른 의미로는 나를 걱정해주고 함께 걸어가 줄 사람들이 내 주변에 있다는 것이기도 하니 말이다. 보통은 그 첫 대상이 부모가 되겠지만 그렇지 않다고 해도 원망하거나 슬퍼하지는 마라. 당신이 지금껏 인생을 살아오면서 위기나 위급상황 시꼭 부모의 도움만 받은 것은 아니기 때문이다. 오히려 나처럼 조부모나 동생들이 되거나 선생님이나 친구들이 될 수 있으며 하다못해 얼굴 한 번 보지 못한 사람들에게서조차도 도움을 받는 고마운 일들이 벌어지곤 하니 말이다. 그렇다면 과연 우리에게 있어 위기나 위급상황은 무엇이었나? 세상의 위험으로부터 나를 보호해주던 가정이라는 울타리가 없어지는 사건이 아니었나? 내가 제일 의지했던 부모와의 이별이 아니었나? 그로 인해 안전과 생존에 위협을 느꼈던 것이 아니었나? 그렇다. 부모의 이혼은 어린 우리에게 있어 상상조차도 할 수 없었던 위기였고 위급상황이었다. 그 과정 안에서 우리는 불안했고 무서웠고 슬펐다. 두려웠고 공포감에 몸을 떨었다. 인정하고 싶지 않지만, 그것이 우리의 안타까운 모습이었다. 우리는 그것을 원한 적도 바란 적도 없었다. 단지 어른들의 이기적인 결정으로 벌어진 일이었고 위기와 위급상황은 그들의 선택에 의한 예견된 일이었다. 우리는 눈앞에서 위기 상황으로 치닫는 과정들을 지켜볼 수밖에 없었으며 그것을 감당할 수 없었다. 대처할 수 없었고 그에 맞서 대응할 힘도 없었다. 통제할 수 없었으며 그대로 노출될 수밖에 없었다.

갑작스러운 부모의 이혼 앞에서 우리는 무기력한 존재였다. 그러나 다행인 것은 우리를 무기력한 존재로 만들던 갖가지 부정적인 감정들의 경험은 영원하지 않았다는 것이다. 지금의 나를 봐도 그렇고 당신도 그렇지 않은가? 부모의 이혼을 경험한 자녀들이 대부분 1년 정도의 기간이 지나면 안정을 되찾고 일상을 회복한다는 연구도 있듯이 성장하면서 자연스럽게 해결이 되었거나 스스로 해결할 수도 있었을 것이다. 물론 지금도 남아서 특정 상황에 불쑥불쑥 튀어나오는 해결되지 않은 감정에 놀랄 때도 있지만 말이다.

그러나 잘 생각해 보면 지금의 우리는 그때의 우리가 아니라는 것을 깨닫게 될 것이다. 이미 우리는 부모의 이혼을 막지 못했던 무기력한 어린아이가 아니라 내 인생을 스스로 책임지고 설계하며 살아갈 수 있는 힘 있는 어른으로 성장했다는 것을 눈치챘을 것이다. 그렇다는 것은 스스로 자신을 통찰할 수 있는 능력이 있고 미해결 된 과제에 대해 충분히 개선할 수 있는 의지와 지혜도 지녔다는 것을 의미한다. 또한 우리는 부모의 이혼이라는 위기 상황에서 우리와 함께했던 사람들을 잊지 않아야 한다. 그 불안하고 위태롭던 상황 속에서도 우리가 우리답게 성장할 수 있도록 배려했던 사람들의 친절함과 고마움을 기억해야 한다. 위기 상황에 놓여 가장 취약한 모습이 되었을 때 조건 없이 우리에게 베풀었던 그들의 관심과 도움은 그것이 무엇이든 진짜였다. 진짜는 따로 계획하지 않았다. 연습하지도 않았다. 그냥 자연스럽게 나타났다. 단순하지만 순수했다. 강력했다. 때로는 화려하지 않은 모습일지라도 나를 나답게 만들어 주는 편안한 모습이었다. 수려하고 달콤한 말이나 행동으로 애써 포장하지도 않았다. 그 자체로도 충분히 아름다웠기 때문이다. 때론 너무 서툴러 투박할 정도였다. 그러나 그 중심에는 진심이 박혀있었다. 이것은 내가 부모의 이혼이라는 위기 상황에 놓여있던 그 시절 할머니를 비롯해 묵묵히 곁에서 나를 지켰던 사람들을 통해 느꼈던 진짜 사랑이었다.

그렇다. 우리는 부모의 이혼이라는 특수한 위기 상황을 경험했다. 그렇다고 해서 우리의 소중하고 찬란한 가치가 함께 사라지거나 훼손되는 것은 결코 아니다. 위기에서 우리를 구해주고 함께했던 사람들이 우리의 가치를 대변해 주고 있지 않은가! 우리를 곁에서 든든히 지켜 준 사람들에 의해 우리는 충분히 빛나고 있었다. 그래서 깨달았다. 어떠한 위기 속에서도 빛을 낼 수 있는 소중한 존재가 나라는 것을!

나는 간절함으로 키워졌다

'쉐에엥~~~쉭~~~쉬이~~~인~~~~~~~~후두두둑~~~~후둑~~~
쉬이이이~~~익'

스산하고 세찬 바람 소리와 추적추적 내리는 빗소리가 한지로 곱게 바른 바깥문을 마구 흔들어 대고 있었다. 거센 바람 소리와 함께 마당 한쪽 구석에 세워두었던 세숫대야가 비바람에 맞아 한쪽으로 구르다 엎어지는 소리가 들렸다. 살짝 잠에서 깬 나는 덜컥 무서운 마음이 들었고 항상 옆에서 주무셨던 할머니 품으로 파고들기 위해 더듬거리기 시작했다. 그런데 할머니가 잡히지 않았다. 다시 더듬거리던 찰나 할머니의 한쪽 다리가 내 손에 잡혔다. 순간 무서웠던 마음이 가라앉으며 다시 편안해졌다. 머리맡에서 할머니의 잔잔한 기도 소리가 들렸다. 아무래도 태풍이 와서 새벽예배에 못 가셨던 모양이다. 밖에서는 태풍이 휘몰아치며 거세게 난리를 쳤다. 엄습했던 무서움에 긴장되었던 내 몸이 할머니의 기도 소리에 노곤해지고 편안한 안정감이 온몸 구석구석을 돌아 따뜻하게 데우기 시작했다. 그때서야 나는 기분 좋은 잠을 청할 수 있었다. 그 순간 나는 할머니를 간절하게 만드는 기도가 무엇인지 그 내용이 궁금해졌다. 도대체 어떤 기도를 그렇게 매일 빠짐없이 하시는 건지 너무 궁금했다. 나는 눈을 꼭 감고 세상 잠을 다 끌어다 자는 것처럼 완벽하게 위장했고 할머니는 그런 나를 전혀 눈치채지 못하셨다. 이 상황이 너무 긴장감 넘치고 재미있어진 나는 콧구멍이 벌렁거리기 시작했다. 궁금해서 근질거리는 내 귀를 할머니 기도 소리를 향해 집중시켰다. 소리는 작게 들렸다가 다시 조금 크게 들렸다 들쑥날쑥했다. 할머니는 옆에서 자는 손녀들이 깰까 봐 목소리 크기를 조절하고 계셨다.

"아부지~~츄여~~그져어 우리 새끼들, 거~언강하게 해 주시고 어디를 가든지 그저 아버지의 자녀로 후울~룽하게 크게 도와츄시옵시고~어디를 가든지 그저 아버지의 은혜가 추~웅~만하게 넘치게 도와 츄시옵소서~그저 주여~아부지~은제든지 우리 새끼들 복에 사람으로 크~으게 쓰임 받게 해 츄시옵시고……. 아부지~그저 믿슙니다."

숱한 세월과 맞바꿔 달아빠지고 얼마 남지 않은 할머니의 휑한 치아들. 널찍한 치아 공간 사이로 기도할 때마다 새어 나오는 바람 소리에 섞인 발음들. 그날도 변함없이 손녀들을 위해 채우는 조용하고 간절한 할머니의 사랑은 한층 열정이 더해져 점점 더 뚜렷해져만 갔다. 매일 할머니의 간절한 기도를 먹고 자라온 나. 그 깊은 사랑에 대한 고마움은 감동의 눈물이 되어 광대뼈 위로 또르르 흘러내렸다.

"크흐져 아부치히 내 새끼들~~~~아부치히~츄여~~~믿~숩니다."

할머니의 변함없는 기도의 레퍼토리는 특유의 리듬이 더해져 나의 머리와 가슴에 깊숙이 박혔다. 어느새 추운 겨울이 왔다. 밤새 쏟아진 폭설은 마당을 온통 하얀 빛으로 은은하게 물들였다. 그리고 그 빛은 부드럽게 반사되어 기도하시는 할머니의 하얀 머리 위에 살포시 머물렀다. 아무래도 눈이 너무 많이 와서 새벽예배를 못 가신 모양이었다.

"크겨어~아부치히~~우리 새끼들~~ 그겨어~아부지 츄우여~~믿숩니다. 그겨~~아부지~~믿~숩니다~~~"

폭설이 내린 그날 새벽에도 나는 할머니의 간절한 소망의 기도를 먹고 한뼘 한뼘 쑥쑥 자라고 있었다. 나무들을 제 맘대로 이리저리 휘감고 난리를 치던 세찬 태풍도 온 세상에 한가득 내려앉아 꼼짝 못 하게 짓눌러 버렸던 버겁고 무거웠던 냉혹한 폭설의 무게도 더 이상 두려움이 되어 내 마음속에 파고들 순 없었다. 그것은 한결같은 할머니의 기도가 포근한 안정감이 되어 내 마음을 성실히 지켰기 때문이다. 셀 수 없이 많은 기도가 쌓인 세월을 지나 나는 비로소 깨닫게 되었다. 하루하루를 엮고 사계절을 만들어 몇 십 년이 흐르는 동안 그 지독한 간절함으로 새벽을 열었던 할머니의 기도 속에는 정작 당신을 위한 기도는 단 한 번도 없었음을 말이다. 단 한 번도! 글을 쓰고 있는 지금 시계가 새벽 4시를 가리키고 있다. 문득 옆에서 뒤죽박죽 자기의 모양대로 잠이 들어있는 아이들을 바라보았다. 한참을 그렇게 물끄러미 바라보았다. 나는 이 아이들을 위해 얼마나 기도하고 있는 걸까? 할머니가 나를 위해 새벽마다 간절히 기도하신 것처럼 기도한다는 것이……글쎄다, 괜히 마음이 찔린다.

백 분의 일 만큼이라도 했으려나. 그렇게 생각하니 아이들에게 미안함이 커졌다. 아이들을 기도로 양육한다는 것이 얼마나 좋은 것인 줄 알면서도 게으름을 피우게 된다. 내가 받은 사랑이 그렇게 큰 것임에도 불구하고 그 사랑을 제대로 나누지 못하고 있는 내 모습이 부끄럽다. 그렇다고 내가 아이들을 덜 사랑해서 그런 것은 절대 아니다. 그냥 할머니가 가지고 계셨던 그 간절함에 대해 다시 생각하게 된다는 것이다. 그야말로 새벽기도는 할머니의 간절함이었다. 그 간절함의 크기가 얼마나 컸으면 얼마나 깊었으면 매일 새벽을 기도로 열 수 있었을까. 솔직히 내 부모였다면 그렇게 할 수 있었을까? 온전히 자식을 위해서만 할 수 있었을까? 눈이 오는 날이든 바람이 부는 날이든 몸이 좋지 않은 날이든 그 어떤 날이든 상관없이 하루도 빠짐없이 기도할 수 있었을까? 글쎄다……. 나는 할머니 손에서 키워졌던 어린 시절부터 할머니가 돌아가시던 마지막 순간까지 그분의 기도를 먹고 자랐다. 할머니가 새벽예배를 드리기 위해 교회에 다녀오실 때를 제외하고는 집에서 기도하시는 할머니의 목소리를 들을 수 있었고 그 목소리는 마치 나를 향한 사랑 고백으로 들렸다. 그렇게 할머니의 간절한 사랑을 먹으며 성장했다. 지금 생각해도 너무나 감사한 일이고 다행한 일이 아닐 수 없다. 할머니를 만나게 된 것이 나에겐 신의 한 수였다. 내가 부모에게서 느끼지 못했던 따뜻한 사랑을 할머니를 통해 느낄 수 있었기 때문이다. 정말 긴 세월 동안 한결같이 말이다. 돌아가시던 그 순간까지 나를 향했던 할머니의 사랑은 우리의 관계를 매우 특별하게 만들었다. 그래서 할머니는 나에게 특별한 존재다. 나는 할머니에게 소중한 존재였고 자랑스러운 존재였다. 그렇게 나는 할머니 손에서 귀한 사람으로 성장해 갔다.

성경에서 사람은 하나님의 형상을 따라 창조된 존재라고 말하고 있다. 사람은 영적 존재이며 신과 연결될 수 있는 유일한 존재다. 신에게 기도할 수 있는 영적 영역을 가진 유일한 존재가 사람이다. 혹시 하나님께 기도하는 강아지를 본 적이 있는가? 하나님을 찬양한다고 춤추며 노래하는 동물원의 원숭이를 본 적이 있는가? 하나님께 헌금을 드리겠다며 도토리를 모으는 산속의 다람쥐를 본 적이 있는가? 사람이 갖는 영적인 힘은 상상 이상으로 강력하다. 기적을 일으키기 때문이다. 기적을 일으키는 믿음은 영적인 부분이 현실로 나타나게 하는 강력한 에너지이다.

나는 간절한 기도가 현실에서 실현되는 경험을 많이 해왔다. 그래서 믿음의 기도가 얼마나 강력한지 그 힘을 안다. 비록 지금까지는 할머니처럼 매일 간절한 믿음의 기도는 하지 못했을지언정 인간의 한계를 느끼며 신의 영역이라는 생각이 들 때마다는 잊지 않고 기도한다. 나도 안다. 할머니의 신앙을 따라가려면 아직도 한참 부족하다는 것을 말이다. 그러나 나는 내 아이들에 대한 기도는 물론이고 내 기도가 필요한 다른 분들을 위해서도 기도한다. 정작 내가 기도하고 있는 사람들은 자신을 위해 내가 기도한다는 사실을 모른다. 하다못해 붕어빵을 팔고 있는 아주머니에게도 지나가며 아이들과 함께 축복의 말을 건넨다. "꼭 대박이 나서 부자 되실 거예요." 그러나 그분은 내가 자신을 향해 축복을 하는 줄 모른다. 딸도 학교에서 돌아오는 길에 어떤 분을 축복했다고 이야기한다. 그러나 그분 역시 한 번도 본 적 없는 내 딸이 자신을 축복했는지 모른다. 비록 할머니는 오래전 돌아가셨지만, 그 기도를 잇기라도 하듯 나를 위해 기도하시는 분들도 있다. 이렇듯 당신은 당신이 알게 모르게 누군가의 간절한 기도나 축복으로 살아가고 있는 사람일 수 있다. 당신은 그만큼 귀한 영적 존재다. 아직 내 말이 그렇게 와닿지 않는가? 이해한다. 누군가 자신을 위해 기도하는 모습이 눈에 보이지 않고 그런 말도 듣지 못했으니까 말이다. 그러나 지금 당신이 알고 있든 모르고 있든 상관없이 누군가 당신을 위해 기도하는 이가 있을 수 있다는 것을 기억하라. 적어도 내가 그러고 있으니 말이다. 내가 기도하는 분의 앞날을 축복한다. 삶의 역경을 잘 견뎌낼 것을 기도한다. 혹여, 내가 하는 기도의 모습이 다를지라도 그 안의 간절함은 같다.

어릴 적 외할머니가 장독대 위에 물이 담긴 하얀 사기그릇을 향해 두 손을 합장하며 허리를 굽혀 간절히 빌고 있는 모습을 보았다. 나의 할머니와 외할머니는 종교도 기도의 방법이나 형태도 모두 극명하게 달랐다. 이처럼 기도의 형태나 방법은 다양하다. 중요한 것은 그 안에 들어있는 간절함은 모두 같다는 것이다. 그 누구든 당신을 위해 기도하는 사람이 있다면 영적으로 하나님과 연결해 주는 사람이 있다면 당신은 온 우주가 당신을 돕고 있다는 것을 경험하게 될 것이다. 신기하고도 놀라운 경험에 아마도 소름이 돋을 것이다. 할머니가 물려주신 믿음의 유산은 지금의 내 아이들에게까지 연결되어 내려오고 있다. 그 유산으로 인해 나는 매일 하나님이 나를 사랑하고 있으며 항상 곁에서 돕고 계신다는 것을 느끼고 경험하며 살고 있다.

할머니 손에서 자랄 수 있었던 것도 할머니를 통해 믿음의 유산을 받을 수 있었던 것도 내 인생 통틀어 크나큰 행운이고 기적 같은 일이며 감사하고 또 감사한 일이다. 나는 이것을 하나님의 계획이라고 말한다. 할머니께서 나에게 물려주신 믿음의 유산은 내 인생에서 가장 크고 중요한 부분이다. 그것은 내가 사랑받는 소중한 존재라는 강력한 증거이기 때문이다. 누군가에게 잘 보이려 애쓰지 않아도 내가 어떤 사람인지 증명하려 굳이 노력하지 않아도 그냥 나 있는 그대로의 모습에서도 충분히 사랑받을 자격이 있는 소중한 존재라는 증거이지 않겠나! 나도 그랬듯 당신도 그 누군가의 간절함으로 지금의 훌륭한 당신이라는 결과가 있음을 꼭 기억하길 바란다. 우리는 간절함의 소산물이다.

역경이 만들어 낸 향기는 더 깊고 진하다

한참 여름이 깊어진 어느 날이었다. 매미는 귀가 따가울 정도로 쉴새 없이 릴레이로 울고 있었다. 나는 매미들이 어디에 붙어있는지 나무 아래서 이리저리 눈알을 굴려 가며 연신 매미의 우는 모습을 찾고 있었다.

"영순아~영수~나아~~"

"예? 할머니~왜요?"

따갑게 내리쬐는 눈부신 햇살을 요리조리 피해 가며 매미 찾기에 여념이 없었던 나는 할머니가 부르는 소리가 그리 달갑지만은 않았다. 왜 또 부르시는 건지는 몰라도 짜증이 살짝 올라왔다. 나는 귀밑으로 스르륵 흐르는 땀을 손등으로 닦고 나서 할머니가 계신 아래채 마루로 걸어갔다.

"이이~~잠깐 와서 나 여기 냄새 좀 맡아봐라!"

할머니는 연신 수건으로 이마를 닦고 목을 닦고 계셨다.

"예? 뭐요 할머니?"

"이! 내 몸에서 냄새가 나는가 좀 맡아봐."

나는 할머니 말에 갸우뚱했다. 왜 갑자기 할머니 몸에서 냄새가 나는지 맡아보라고 하시는지 이해가 되지 않았다. 처음 있는 일이기도 했지만, 할머니는 뭔가 살짝 불안한 느낌이었다. 긴 세월에 한없이 여리고 작아져 버린 할머니의 몸을 나는 살짝 다가가 한가득 안았다. 할머니의 얇은 몸이 내 팔 안으로 쏙 들어왔다. 땀 냄새가 났다. 할머니 살냄새도 났다. 그리 이상한 것은 없었다. 늘 내가 맡는 할머니 냄새였기 때문이었다. 그냥 익숙한 냄새였다.

"괜찮은데요 할머니? 흐~음~ 그냥 우리 할머니 냄샌데? 아무렇지도 않아요. 왜요 할머니? 누가 냄새난다고 해요?"

"이이~그거시……. 사람이 늙으며는 몸에서 안 좋은 냄새가 나. 늙은이 냄새……."

할머니는 당신의 몸에서 행여 좋지 않은 냄새가 날까 걱정이 되셨던 모양이다. 할머니가 말하던 그 늙은이 냄새라는 것이 뭔지는 잘 모르겠지만 할머니는 얼마 전부터 본의 아니게 남들에게 민폐를 끼칠까 자꾸 구석구석 확인을 하신 것이다. 쉽게 말하지 못했던 할머니만의 고민이었다. 그런 할머니의 모습에 괜히 가슴 한쪽이 뭉클하면서 짠하게 느껴졌다.

'늙은이 냄새라……. 늙은이 냄새…….'

나는 할머니가 하셨던 말을 몇 번이고 머릿속으로 되뇌어 보았다. 도대체 늙은이 냄새가 뭐야? 그 당시 어렸던 나는 이해가 되진 않았지만 불안한 얼굴을 한 할머니 모습을 볼 때마다 마음이 슬펐다. 분명 할머니에게 좋은 것은 아니었다. 내가 맡았던 할머니 냄새는 뭐 너무나도 익숙한 것이었고, 그것이 문제가 될 거라고는 추호도 생각할 수 없었기 때문이다. 나는 할머니에게 별스럽지 않게 말했다. 자기 몸에서 나는 냄새를 영 탐탁지 않아 하는 할머니의 마음을 편안하게 해 드리고 싶었다. 내가 좋아하는 할머니였으니까 당연했다.

"할머니이~무슨 늙은이 냄새예요오~ 나는 우리 할머니 몸에서 꽃향기만 나는구마안~"

할머니는 코앞에서 반짝이는 눈으로 애교를 부리는 나를 찡끗 바라보며 털털하게 웃으셨다.

"하이고오~ 그러냐아~~시상이나~~꽃냄새가 난다고 하네~ 내 새끼! 내 새끼밖에 읍네에!"

그랬다. 별것 아니었다. 내가 좋아하는 할머니 몸에서 땀 냄새가 나든 늙은이 냄새가 나든 그 어떤 냄새가 나든 상관없었다. 그것은 단지 나를 키우기 위해 하루하루 애쓰며 살아간 할머니의 흔적일 뿐이었다. 세월은 빠르게 흘러 굴곡진 세월의 산을 넘고 넘어 어느덧 중년이 된 나는 이미 두 아이의 엄마다. 이제는 할머니가 말하던 그 늙은이 냄새가 어떤 것인지 안다. 몸이 늙어지면서 뿜어내는 그 특유의 냄새를 나는 안다. 할머니가 걱정하셨던 대로 그리 좋은 냄새는 아니다. 내 몸에서는 그런 냄새가 나지 않았으면 좋겠고 부인하고 싶고 회피하고 싶어지는 그런 냄새인 건

맞다. 하지만 내가 피한다고 해서 부인한다고 해서 걱정한다고 해서 없어지는 냄새는 아니다. 그 수많은 세월을 온몸으로 이겨내며 살아 온 삶의 냄새 인생의 냄새이기 때문이다. 자신만이 가질 수 있는 세월의 냄새이기 때문이다. 사람이 어떻게 좋은 면만 가질 수 있겠는가! 어떻게 밝은 면만 존재할 수 있겠는가! 모든 사람마다 드러내고 싶지 않고 부인하고 싶은 각자의 그림자는 존재하는 법이다. 부모가 헤어짐으로 인해 파생되는 많은 어려움과 그로 인해 겪어야 했던 수많은 세상의 편견에서 우리는 스스로 살아남아야 했기 때문이다. 그 과정에서 알게 모르게 우리는 스스로 자신의 그림자들을 만들었을 수도 있다. 필사적으로 말이다. 보이지 않도록 가려야 했고 숨기고 싶었을 것이다. 그 모습은 내가 아니라고 애써 부정하기도 했을 것이다. 그러나 사실은 그 그림자도 자신의 또 다른 모습이라는 사실을 우리는 알고 있다.

음식을 많이 만들어 본 사람이라면 충분히 이해할 만한 이야기를 하겠다. 찌개나 국 같은 국물이 있는 음식을 만들 때 여러 가지 종류의 재료를 넣고 맛이 우러날 때까지 또는 넣은 재료들이 익을 때까지 보글보글 끓인다. 한참을 끓이고 나면 뽀글뽀글 겉으로 올라오는 칙칙한 거품들을 볼 수 있을 것이다. 나는 그 거품들이 재료들의 불순물이라고 생각하고 눈에 띄게 올라오는 즉시 숟가락이나 국자로 최대한 깨끗하게 떠내어 버리곤 했다. 완전히 다 걷어낼 수는 없었지만 그래도 최대한 걷어내고 나면 국물 요리는 한결 깔끔해져서 더 먹음직스럽고 보기에도 좋았다. 어느 날이었다. 유명 요리전문가가 진행하는 TV 방송을 유심히 보게 되었던 적이 있다. 그 이유는 내가 좋아하는 해물탕을 끓이고 있었기 때문이다. 해물탕을 매우 좋아하는 나는 화면이 뚫어져라 집중하면서 어떻게 해야 맛있게 끓일 수 있는지를 보고 있었다. 보글보글 맛있게 끓고 있는 중간에 어김없이 올라오는 그 지저분하고 칙칙한 거품들이 눈에 띄었다. 해물탕은 해물에서 나오는 불순물이 많아 유독 칙칙한 거품들이 많이 올라온다. 그런데 말이다. 보기에도 좋지 않은 그 거무칙칙한 거품들을 떠서 버리지 않는 것이었다. 속으로 왜 걷어내지 않을까 생각하던 찰나 요리전문가는 말했다.

"여러분, 해물탕 위로 올라오는 이 거품들을 지금까지 불순물이라고 많이들 떠서 버리셨죠? 사실은 불순물이 아니에요. 그러니 안심하고 드셔도 되고요. 그대로 끓여 드시게 되면 국물이 더 진하게 돼서 깊은 맛을 내게 됩니다. 그런데 영 찝찝하신 분들은 지금까지 했던 대로 떠내시면 되는데요. 그러면 국물이 깔끔하게 되죠. 어느 쪽이든 맛있게 먹을 수 있으니까 취향껏 선택해서 요리를 하시면 됩니다."

'와~그랬구나. 거무칙칙한 거품들이 보기에도 그렇고 몸에도 좋지 않은 불순물인 줄 알고 여태껏 다 떠서 버렸는데 오히려 그것이 국물을 더 진하게 만들어서 맛이 더 깊어진다고? 어머, 웬일이니? 정말!' 나는 그 뒤로 진한 국물을 먹고 싶을 때는 그 칙칙한 거품들을 거둬내지 않고 그냥 그대로 끓였고 시원하고 깔끔한 국물을 먹고 싶을 때는 말끔하게 그 거품들을 거둬내며 요리했다 그렇다. 사람에게도 각자의 향기가 있다. 그것은 삶을 살아낸 향기다. 또 각자의 맛이 있다. 이것 또한 삶의 다양한 여정 속에서 만들어진 맛이다. 당신은 어떤 맛과 향기를 지닌 사람인가? 그것이 흡족할 만큼 당신 마음에 드는가? 아니면 숨기고 싶고 인정하고 싶지 않을 만큼 싫은가? 마음에 들든 그렇지 않든 모두 나와 당신 각자가 만들어 낸 자신이다. 거무칙칙해서 보기에도 싫고 몸에도 좋지 않을 것 같아 떠서 버려온 거품 같았던 우리의 그림자는 분명 좋은 면들과 어우러져 오히려 인생의 더 진하고 깊은 맛을 낼 것이다.

우리가 버리고 싶은 그림자까지도 인정하고 수용할 때 좀 더 인생의 깊이를 아는 자신이 될 수 있다는 것이다. 좀 더 세련된 비유를 들고 싶었지만 내가 아이를 키우는 주부인지라 음식 만드는 것에 비유한 것을 이해하길 바란다. 음식 만드는 것에 통 관심이 없거나 한 번도 해 보지 않은 사람은 이게 무슨 말인지 이해가 안 될 것이다. 그런 분들은 이번 기회에 국물 요리를 한 번 만들어 먹어보는 것도 괜찮지 않을까 한다.

이번엔 와인 이야기를 해 보자. 내가 특별히 와인을 좋아하는 사람은 아니지만 얼마 전 책을 통해 알게 된 사실을 말하겠다. 와인 마니아층은 이미 알겠지만 말이다. 캘리포니아 와인 공장에서는 와인 제조 과정에서 포도에 의도적으로 스트레스를 준다고 한다. 나는 의아했다. 와인 제조 과정에서 기분 좋은 클래식 음악을 틀어 준다는 이야기는 들은 적이 있지만 의도적으로 스트레스를 준다는 이야기는 처음이었기 때문이다. 농부들은 포도에 그늘을 최소한으로 주고 햇볕을 충분히 쬐게 하지만 물은 많이 주지 않도록 한다는 것이다. 의도적으로 스트레스를 주는 것이다. 포도엔 잔인한 방법이지만 포도가 죽지 않을 정도만 물을 준다고 한다. 그런데 그런 열악한 환경에서 살아남는 포도만이 최고의 와인이 될 수 있다고 한다. 가장 비싼 최상급의 와인은 최대의 역경을 견딘 포도라는 뜻이다. 놀랍다. 역경을 견뎌서 얻어지는 아름다운 결과물이 마치 우리의 인생의 여정과 너무나 닮아있지 않은가?

이혼가정의 자녀라는 꼬리표에 감수해야 했던 부정적인 편견과 다양한 어려움, 남다른 고통과 역경을 겪어왔다고 해서 행여나 자신 안에 좋지 못한 것들이 만들어졌을까 불안해하지 않았으면 좋겠다. 마음에 들지 않는 그림자가 있다면 그것 또한 살아남고자 필사적으로 만들어 내야 했던 생존의 흔적이었기에 인정하고 받아들이길 바란다. 미워하지 않길 바란다.

여기서 중요한 것은 지금 우리가 살아있다는 것이다. 그림자를 만들며 살았건 그렇지 않건 괜찮다. 다만 그 그림자도 나 자신이라는 것을 인정하고 받아들이는 자세가 필요할 뿐이다. 이것은 반드시 우리를 더 진한 사람으로 더 깊은 사람으로 만들어 줄 것이라 믿는다. 행여 숨기고 싶은 자신의 그림자로 인해 우울해하거나 절망하지 않길 바란다. 자신의 그림자와 마주한다는 것이 어떤 이에게는 죽을 만큼 힘든 일이 될 수 있겠지만 그래도 제발 견뎌주길 바란다. 우리가 견뎌냈던 고통과 역경에 비례해 우린 반드시 깊게 성장할 것이기 때문이다. 비로소 우리는 그 누구도 흉내낼 수 없는 깊은 인생의 맛과 향기를 갖게 될 것이다. 이것은 우리만이 만들 수 있는 우리만이 가질 수 있는 고유하고 독특한 가치다. 기억하라. 세상이 그런 특별한 우리를 원할 때가 반드시 올 것이다.

나는 지금도 가슴으로 기억하고 있다. 낡은 세월이 칙칙하게 배어있는 늙은이 냄새가 아니라 할머니의 독특한 인생의 맛과 향기를 말이다.

현재 우리는 누군가의 꾸준한 보살핌과 사랑으로 만들어진 산물이다

잠이 많던 나는 매일 등교 시간에 늦지 않기 위해서 헐레벌떡 일어나 대충 아침 식사를 하고 주섬주섬 가방을 챙기며 학교에 갈 준비를 해야만 했다. 아침이슬을 한껏 머금어 촉촉해진 차가운 마루 위에는 늘 따끈따끈한 도시락 세 개와 그 위에 놓인 각 잡힌 네모난 누룽지가 얌전히 주인들의 손길을 기다리며 살포시 올려져 있었다.

"와~~누룽지다!! 맛있겠다!"

나는 할머니가 정성껏 싸 주시는 따뜻한 도시락과 누룽지 간식을 가방에 넣고 아침이 주는 상쾌한 공기를 작은 콧구멍 속에 한껏 밀어 넣으며 학교로 출발했다.

"다~녀 오겠습니다아아~~~"

누가 봐도 소박하기 짝이 없는 누룽지 간식이었지만 나의 단짝 친구들에게는 인기였다.

"와~누룽지다!! 나 조금만 줘라! 응? 조금만~"

"나도~!! 나도 나도~!!!"

바삭바삭 구수하고 담백한 가마솥 누룽지의 맛은 그야말로 일품이었다. 친한 친구들 사이에서 인기가 좋아지는 그 맛도 그만이었다. 할머니는 내가 초등학교 3학년일 때부터 고등학교를 졸업할 때까지 매일매일 빠짐없이 새벽마다 일어나셔서 밥을 지으시고 도시락을 챙겨주면서 가끔 간식도 챙기셨다. 떡하니 각을 잡은 채 겹겹이 손을 잡고 겸손히 누워 있는 가마솥 고소한 누룽지, 하지에 태어난 동글동글 담백한 아기 감자, 늦가을을 품은 달콤하고 노란 속살의 고구마. 나의 생기발랄한 십 대 학창 시절의 여정을 하루도 빠짐없이 새벽공기와 함께 담아내던 따끈한 도시락과 다양한 계절 옷을 바꿔 입었던 주전부리들! 세월에 굳어지고 갈라진 할머니의 시린 손끝은 하루도 빠짐없이 손녀들을 향한 당신의 성실한 사랑과 보살핌을 차곡차곡 도시락에 담아내고 있었다. 그랬다! 하루도 빠짐없이 말이다. 그때는 학교급식이 없었기에 도시락을 챙기는 것은 성장기 우리에겐 더 중요했다. 학년이 높아질수록 그리고 야간 자율학습을 할수록 도시락의 개수는 하나씩 더 늘어갔고 간식도 여전히 필요했다. 내 도식락 반찬은 화려하지 않았다. 정말 집에서 먹는 익은 김치나 고추장 멸치, 콩조림 등 몇 개 되지 않는 종류의 계절 반찬으로 돌아가며 싸주셨다. 종종 김칫국물이 가방에 흘러 가방은 물론이고 그 안에 있는 책과 필통이 모두 젖는 일도 생기곤 했다. 몇 가지 되지 않았던 소박한 반찬이었지만 다행히 친구들과 함께 먹을 수 있었던 터라 다양해진 반찬들을 서로 골고루 먹을 수 있어 다행이었다. 각자 싸 온 도시락 반찬을 서로 나누어 먹을 수 있었던 소소한 즐거움은 아쉽게도 이젠 찾아볼 수 없는 학교의 옛 추억이 되었다. 할머니는 어떻게 하루도 빠짐없이 매일 도시락을 쌀 수 있었을까? 그것도 3개씩이나 말이다. 생각해 보면 정말 존경스럽다는 말이 절로 나온다. 지금은 학교급식이 있어 얼마나 다행한 일인지 모른다. 매일 도시락을 싼다는 것이 얼마나 귀찮고 힘든 일인지 알기에 더 감사하지 않을 수 없다. 내가 겪어보니 그랬다. 할머니가 도시락을 싸 주던 그때는 당연하다고 생각했다. 때론 매일 똑같은 김치 반찬이 싫었던 날도 있었다. 그것이 부끄러웠던 적도 있었다. 사실 늘 부족한 형편에 그것이 할머니가 할 수 있었던 최선이었다는 것도 알고 있었다. 그런데도 철이 없던 나는 가난이 묻어나는 도시락이 싫었다. 친구들 반찬과 자연스럽게 비교가 되었으니 말이다.

나는 마치 그때의 한을 풀기라도 하듯 딸과 아들이 견학을 간다거나 소풍을 간다고 하면 최선을 다해 예쁜 도시락을 만들어 준다. 그 어렵다는 캐릭터 도시락을 만들어 주기도 한다. 장비까지 갖추고 영상으로 공부하며 만들어 내는 열정을 보일 정도니 내가 얼마나 그때의 도시락이 싫었는지 어느 정도는 이해가 갈 것이다. 게다가 이렇게 만들어 달라고 다양하게 주문까지 하니 안 만들어 줄 수도 없는 노릇이다. 소시지로 문어도 만들고 주먹밥으로 사람 얼굴도 만들고 맛있고 알록달록 예쁜 과일도 함께 넣어주기도 했다. 마치 '엄마가 너를 이만큼 사랑해.'라고 말하는 것처럼 말이다. 아이들은 견학을 가는 것도 설레했지만 내가 싸주는 예쁜 도시락에 환호성을 질렀다. 다녀오면 자기는 하나만 먹고 나머지는 친구들이 맛있다고 뺏어 먹었다며 그것을 자랑삼아 이야기하기도 한다. 아이가 못 먹었다는 것이 좀 아쉽긴 했지만 뭐 그것도 감사한 일이 아닌가? 엄마의 사랑은 물론이고 친구들 사이에서 인기 있는 아이로 어깨가 으쓱해졌을 테니 말이다. 누군가에게서 한결같이 꾸준한 사랑과 보살핌을 받을 수 있다는 것은 얼마나 감사한 일인지 모른다. 얼마나 큰 행운인가! 얼마나 기적 같은 일인가! 어린 자녀가 부모의 한결같은 보살핌과 사랑을 받으며 자란다는 것은 자녀로서 누릴 수 있는 당연한 특권이다. 그렇다. 자녀로서 보호받고 양육 받을 당연한 권리다. 우리는 엄마 뱃속의 태아시기 때부터 엄마의 극진한 보살핌을 받으며 몸의 각 기관을 만들어 내고 성장하고 발달시켜 오목조목 사람의 형태를 만들어 낸다. 태어난 아기 또한 스스로 자신의 생명을 유지 할 수 있는 힘을 가지고 있지 않기 때문에 부모의 꾸준하고 성실한 양육은 필수조건이다. 아이의 생명과 직결되는 중요한 일이다. 거기에 부모의 애정과 사랑을 더 한다면 그보다 더 완벽할 수는 없을 것이다.

이렇게 이 세상에 태어난 모든 자녀는 부모로부터 당연한 권리를 갖는다. 그런데도 우린 그 당연한 권리를 누렸는가? 누릴 수 있었는가? 아니면 온전히 누리지 못했는가? 자녀로서 부모에게 받아야 하는 당연한 권리를 말이다. 충분히 누렸을 수도 있고 아닐 수도 있겠다. 부부가 헤어지더라도 자녀는 양쪽 부모로부터 지켜져야 하고 꾸준한 양육을 받으면서 잘 자랄 수 있도록 해야 한다. 분명 그래야 한다. 이것은 의무이자 지켜야 할 약속이다. 부부의 역할은 종료되었으나 부모의 역할은 당연히 계속되어야 한다. 그러나 현실적으로 여러 상황상 양쪽의 부모는 고사하고 한쪽의 엄마나 아빠에게조차 제대로 된 양육을 받지 못하는 경우가 생긴다. 나는 부모님의 이혼으로 10살 때부터 할머니 손에서 자라게 되었다. 아빠는 경제적인 활동을 위해 도시로 나가야 했고 그렇게 나의 주 양육자는 자연스럽게 할머니가 되었다. 그것은 내가 성인이 될 때까지 변하지 않았다.

할머니는 성품이 따뜻하고 온유한 분이었다. 법 없이도 살 분이라는 말을 들을 정도였으니 말이다. 이런 분의 양육을 받으며 자랄 수 있었다는 것은 내 인생 가장 중요한 시기에 큰 행운이 아닐 수 없다. 적어도 나에게만큼은 그랬다. 엄마의 자리를 그 누가 완벽하게 채울 수 있을까만은 그에 버금가는 애정과 사랑을 받으면서 나는 자라왔다. 사실은 엄마가 주었던 것보다 더한 사랑과 지지를 받았다고 나는 말한다. 엄마의 부재와 풍족하지 않은 생활에서도 최선을 다해 나를 키워내셨기 때문이다. 할머니의 손마디는 대나무처럼 굵어졌고 손끝은 갈라질 대로 다 갈라져 빨간 속살이 보였다. 벌어진 틈으로 물이 들어가지 않게 낡은 헝겊으로 싸맨 손가락은 구부러져서 잘 펴지지도 않았다. 할머니는 항상 그 손으로 내 도시락에 밥을 담으셨다. 나는 그 손을 볼 때마다 가슴이 아팠고 고마웠다. 그것은 나를 사랑으로 성실하게 키워냈다는 증거였고 마치 훈장과도 같은 것이었다.

나는 나의 경우처럼 부모의 이혼으로 다른 사람의 손에서 자란 사람들을 알고 있다. 그중 한 사람은 외삼촌의 손에서 키워진 경우다. 그는 부모님의 이혼으로 엄마 쪽으로 오게 되었지만 극심한 스트레스 사건으로 인해 정신적으로나 육체적으로 병을 얻게 된 엄마를 대신해 외삼촌이 아기 때부터 키워준 것이다. 그 당시 외삼촌은 결혼하지 않은 상태였지만 마치 그를 친아들처럼 여겼고 지극정성을 다해 키워냈다. 사회활동을 해야 했던 외삼촌은 아기였던 그를 품에 안고 일해야 했고 모임이 있을 때도 품에 안고 참석해야 했고 이유식을 만드는 것은 물론 그가 대학교에 갈 때까지 성실하게 양육을 했다. 외삼촌 손에서 자란 그의 성격은 과연 어땠을까? 상상해 보라! 그는 성격이 밝은 사람으로 사회성 좋고 인간관계가 좋은 서글서글한 사람으로 잘 자라 있었다. 그러니 가는 곳마다 다른 사람들에게 인기가 좋을 수밖에 없었다.

우리는 헤어진 부모뿐 아니라 부모가 아닌 그 누군가로부터 잘 키워진 땀과 희생의 소산물이다. 혼자 저절로 큰 사람은 이 세상에 없다. 내가 내 생명을 유지할 수 있는 힘이 키워지기 전까지 우리는 그 누군가의 양육을 꼭 필요로 하기 때문이다. 그 대상이 누구든 말이다. 나처럼 조부모가 될 수도 있고 예를 든 그 사람처럼 외삼촌이 될 수도 있고, 시설의 원장님과 선생님들이 될 수도 있고 새롭게 형성된 가족이 될 수도 있겠다. 그 누구든 우리는 우리를 키워준 사람들의 꾸준한 보살핌을 받고 자랐다. 그 꾸준한 성실함은 강하고 우직한 신뢰를 만들어 낸다. 변함없이 보살핌을 받고 있다는 믿음, 나는 안전하다는 믿음, 관심과 애정을 받을 만한 존재라는 자기 가치감의 믿음을 얻을 수 있기 때문이다. 할머니의 꾸준하고 희생적인 양육의 패턴은 나를 중요한 사람으로 만들었다. 할머니 옆에 있으면 나는 가장 큰 존재가 될 수 있었다. 안정감을 느낄 수 있었고 나에게 오는 애정과 사랑은 변하지 않을 거라는 믿음이 생기게 했다. 나는 존중받는 사람이 될 수 있었고 어떻게 해야 사람들에게 진심으로 다가갈 수 있는지도 배우게 되었다. 한쪽 부모여도 좋다. 아니어도 좋다. 우리가 이렇게 꾸준하고 희생적인 양육과 사랑을 받을 수 있는 대상이라면 그 누구라도 좋다. 나와 당신은 정말 행운이었다. 신뢰라는 것은 내가 가지고 싶다고 해서 가져지는 것이 아니라 상대방이 주어야만 받을 수 있는 유일한 성품이기 때문이다. 일관되고 꾸준한 긍정적 양육이 중요한 이유다. 이제는 우리 차례다. 우리를 필요로 하는 사람들에게 부디 신뢰를 주는 사람이 되길 바란다. 이것은 나와 당신을 꾸준하고 일관된 양육과 사랑으로 키워 준 분들에 대한 보답이 될 것이다. 그리고 잘 자라 준 나와 당신을 향한 보답이기도 하다. 나와 당신에게 고맙다.

믿음은 항상 최선으로 이끌었다

할머니는 따뜻한 온기가 맴도는 작은 방에 잠시 누워서 쉬고 계셨다. 그 곁에 나는 껌딱지처럼 바짝 붙어있었다. 가까이서 할머니의 얼굴을 들여다보니 주름이 더욱 선명하게 보였다. 백내장에 가려진 두 눈도 선명하게 보였다. 나는 할머니의 손을 만지작거렸다. 가뭄이 지속된 마른 땅이 갈라지듯 할머니의 손도 쩍쩍 갈라져 있었다. 약을 발라도 좀처럼 낫지 않는 할머니의 손이 가엽기만 했다. 나는 가여운 그 손을 꽉 잡고 할머니에게 눈을 맞췄다.

"할머니, 나는 이 세상에서 할머니가 제일 좋아."

"하이고오~~나도 내 새끼가 최고지"

"할머니 오래오래 사셔야 해요~알았죠?"

"암만~~우리 영순이 시집가는 것도 봐야지!"

"나 그냥 결혼 안 하고 할머니랑 살까?"

"아이고~~이게 무슨 소리여? 좋은 사람 있으면 가야지!"

"나는 할머니랑 같이 오래오래 살고 싶은데?"

"우리 영순이는 잘 할거여! 암만~나 없이도 참말로 잘 할거여. 내가 내 새끼를 모른다? 시상이 어딜 내놔봐라! 뭐가 부족혀서 빠지기를 하겄냐~어쩌겄냐? 우리 영순이는 말할 것도 읎써어! 참말로 최고지!"

"할머니이~~잉"

"그려~~내 새끼!"

"히잉"

"우리 영순이는 똑똑하고 야무져가꼬 뭘 하든지 잘 할거시여! 아암~그렇지! 은제나 사람 조심허고 이? 너 힘들게 하는 사람은 아예 가찹게 지내지도 마러라. 이! 내 새끼 눈에서 눈물나게 하는 사람은 가만 안 둘거니까는! 그리고 니가 애들 잘 챙겨서 의좋게 살어. 이? 할머니는 너희들이 잘 되는게 가장 소원이여. 혹시나 내가 없더라도 니들 끼리 서로 의지하며 살어. 알았지?"

나는 할머니의 따뜻한 냄새를 온몸으로 맡으며 할머니 옆에 더 바짝 달라붙었다. 늘 바쁘셨던 할머니였지만 그날은 평소답지 않은 여유로운 모습이셨다. 우린 도란도란 많은 이야기를 나누었고 웃으며 살짝 잠이 들었다. 그때 공간과 사람이 주었던 따뜻한 에너지는 지금도 내 마음을 편안하게 만드는 마법을 부리기도 한다. 나는 할머니가 잠드신 틈에 살짝 일어나 옆으로 누우신 할머니의 귀지를 살살 파 드리기 시작했다.

자신을 믿어주는 사람이 있다는 것은 참 기분 좋은 일이다. 그 믿음으로 인해 자신이 꽤 괜찮은 사람으로 느껴지는 마법 같은 경험을 할 수 있기 때문이다. 지극히 그 사람만의 주관적인 믿음이라 할지라도 그 사람 눈에 나는 믿을 수 있는 괜찮은 사람인 것이다. 믿음은 사람을 성장케 한다. 그리고 힘든 상황에서도 다시 일어날 수 있게 한다. 믿어 준 사람의 믿음을 증명할 기회들이 찾아오고 그것을 보기 좋게 해낸다. 불가능한 일을 가능하게 하기도 한다. 자신감이 생긴다. 배짱도 생긴다. 탱크처럼 역동적인 힘과 열정도 생긴다. 그래서 뭐든 할 수 있을 것 같은 마음이다. 그것이 할머니가 나에게 준 믿음의 힘이었다. 그 어떤 부모라도 자기 눈에는 자기 자식이 최고로 보일 것이다. 보통 태어난 지 얼마 안 된 아기들이 하는 행동을 보며 내 아이가 혹시 천재는 아닌가 생각하는 젊은 부모들이 그러하듯 말이다. 나의 할머니도 그랬다. 비록 아들의 이혼으로 손녀를 키우게 되었지만, 손녀는 더 이상 손녀가 아니었다. 그냥 당신이 키우는 자식이었다. 그러니 할머니 눈에는 내가 얼마나 잘나고 예뻐 보였겠는가! 늘 자랑스러워하셨다. 그런 나에게 할머니께서 늘 하시던 말씀이 있었다.

"응~ 그려, 혀 봐! 우리 영순이가 어련히 알아서 잘 생각하고 했으리라고. 니가 뭘 하든 간에 할머니는 걱정 안 햐. 니가 마음 먹은 대로 햐! 할머니는 항시 니 편인 게. 이?"

인생은 늘 선택과 결정의 반복이다. 할머니는 내가 어떤 선택을 하든 어떤 결정을 내리든 한 번도 반대한 적이 없으셨다. 놀랍지 않은가? 어떻게 반대 한번 없이 늘 믿어줄 수 있단 말인가! 그것이 가능한 일인가? 그렇다 가능했다. 그리고 항상 내가 어떤 사람인지도 꼭 말씀해 주셨다. 지금 생각해 보니 내가 가진 좋은 모습만 골라서 이야기해주셨다는 것을 깨달았다. 사람이 어떻게 좋은 모습만 있을 수 있겠는가! 부족한 것이 많은 사람이라는 건 자신이 더 잘 아는데 말이다. 그런데도 할머니는 나를 항상 좋은 사람으로 자랑스러운 사람으로 꽤 괜찮은 사람으로 여길 수 있도록 이야기해주셨다는 것이 놀랍다. 나는 할머니가 믿어주는 사람으로 성장해갔다. 모든 선택과 결정에 있어 더 신중한 사람이 되어 갔다. 섣불리 행동하지 않게 되었다. 선택의 결과로 따라오는 책임이 어떠한 무게인지도 아는 사람으로 성장해 갔다.

　보통 영향력을 가진 리더들의 특징 중 하나가 사람을 성장시키고 세우기 위해 그 사람을 믿어준다. 그 믿음대로 성장할 수 있도록 말이다. 당신도 알다시피 믿음의 힘은 매우 강력하다. 리더십에 대해 또 믿음에 대해 체계적으로 배운 적이 없는 할머니였지만 마치 영향력 있는 리더의 성품을 이미 배우신 분처럼 나를 대하셨다. 할머니가 항상 나에게 하셨던 믿음의 말들은 내 무의식에 신념으로 새겨지기 시작했고 그 신념들은 내가 힘들 때마다 움직여 활동했다. 나를 완전히 쓰러지지 않도록 지탱해 주었고 다시 일어설 수 있도록 힘이 되었다.

　글을 쓰면서 생각해 보니 내 주변에는 항상 나를 믿어주고 응원해 주는 사람들로 가득했다는 것을 깨닫게 된다. 하나하나가 그냥 듣고 기분 좋아지라고 하는 일회성 멘트가 아니라 진짜 그분들의 진심이 담긴 말들이었다. 때론 그것이 위로와 감동을 주기도 하고 쓰러진 곳에서 다시 일어설 수 있도록 힘이 되어주기도 했다. 지금도 변함없이 나는 그들 안에 있다. 언제나 나를 믿어주고 응원해 줄 준비가 되어 있는 사람들 속에 말이다. 참 가슴 벅찬 일이다. 감동적인 일이다. 그리고 기적 같은 일이다. 마치 돌아가신 할머니가 당신을 대신해 줄 사람들을 내 주변에 둔 것 같은 그런 느낌이 들 정도이니 말이다. 나는 할머니의 믿음이 나를 믿을 수 있는 사람, 믿을 만한 사람으로 만든 것이라 확신한다. 그 믿음은 어떤 일에든 최선을 다하는 성실한 사람으로 책임감 강한 사람으로 나를 만들어 갔기 때문이다. 이 또한 내 인생에 할머니를 만난 것이 가장 큰 행운이라 말하는 이유 중 하나이다. 비록 그 시절 배운 것은 많지 않았어도 할머니는 그 누구보다 현명하게 나를 키워내신 영향력 있는 리더였다. 혹시 당신도 이런 경험이 있는가? 아니면 지금 경험하고 있는가? 누군가 당신을 믿어주는 사람이 있다면 분명 당신은 큰 행운을 손에 잡은 사람이다. 그것이 당신을 분명 꽤 좋은 사람으로 성장시킬 것이기 때문이다. 뭐든지 성실히 최선을 다하는 사람으로 책임을 다하는 것이 무엇인지 너무 잘 아는 성숙한 사람으로 말이다. 생각만 해도 너무 감사한 일 아닌가?

여기에서 더 중요한 것은 내가 나를 믿는 것이다. 내가 나를 믿어주는 것은 다른 사람이 나를 믿어주는 것보다 훨씬 더 중요하다. 자신을 신뢰하고 믿는 것은 아무리 강조해도 부족할 만큼 중요하며 꼭 필요한 과정이다. 이 과정을 거쳐야 내가 내 삶을 살아나갈 수 있는 힘이 생긴다. 당신은 당신을 믿고 있는가? 당신을 신뢰하는가? 당신이 든든한가? 끊임없이 자신에게 질문을 던져 답을 찾아야 할 것이다. 자신을 믿기로 선택하는 것, 결단하는 것, 그것은 내가 내 인생의 주인공이 되고 인생 시나리오를 직접 쓰며 자신감 있고 당당하게 살아가기 위해서 필요하다. 그 누구로부터 오는 믿음이 아닌 나로부터 오는 내 믿음이 중요한 이유다. 이 믿음과 신뢰라는 중요한 요소는 우리를 우리답게 성장하고 살아가게 하는데 큰 동력이 될 것이라 나는 확신한다. 그리고 고난과 역경 가운데서도 빨리 회복할 수 있도록 강력한 힘도 줄 것이다. 나는 당신이 주인공인 삶을 살아갔으면 좋겠다. 진심이다. 그러니 자신을 믿기로 하는 것에 너무 오래 지체하지는 마라.

치부는 내 가치를 위협할 수 없다

'끄으응~~~헉~~~끄~~응~~피 이~~~익~~~~~으~~~허~~~'

나는 그날도 몇 분째 화장실에서 나오지 못하고 사투를 벌이고 있었는지 모른다. 요 며칠 계속해서 똥이 나오질 않아 미쳐버릴 것만 같았다. 그날은 기어코 장 속에 있는 이놈의 묵은 똥 덩어리를 눈으로 직접 보고 말겠다는 각오를 단단히 하고 화장실로 들어갔었다. 이마에는 땀만 삐질삐질 나고 이렇다 할 신호는 오지 않았다. 정말 만만치 않은 녀석이었다. '피슝~~피이~~익~~' 야속하게도 새기만 하는 방귀의 희망 고문은 계속되었다. 그러다 드디어 항문이 찢어지는 고통과 함께 그 녀석이 빼꼼히 얼굴을 내미는 것이 아닌가! 아팠다. 너무 아팠다. 똥은 굵고 딱딱한 몸뚱이를 크게 비틀며 내 항문 근육을 더욱 날카롭게 찢고 나오는 것이 아니겠는가!

"악!!!"

순간 항문 끝에서부터 척추를 따라 뒤통수까지 타고 올라가는 통증에 머리끝이 찌릿했다. 순간 나는 더 이상 힘을 줄 수가 없었다. 너무 아파서 였다. 그렇게 긴 시간 동안 아픈 항문에 힘을 줬다 빼기를 반복하며 묵은 똥을 몸 밖으로 밀어내느라 고군분투하고 있었다. 드디어 녀석을 눈으로 확인하는 감동적인 순간이 왔다. 그러나 그 대가는 참으로 처참했다. 항문의 근육은 찢어졌고 그 부작용으로 피가 났다. 나는 어기적거리며 부어오른 항문이 옷에 닿지 않도록 마찰을 최대한 피하며 걸어야 했다. 나름 화끈거림과 따가움을 참아보려 했으나 그게 맘처럼 되지 않았다.

"할머니~~~할머니~~~이~~~"

나는 부엌에서 저녁을 준비하시는 할머니에게 도움을 구했다.

"똥이 안 나와서 힘을 줬는데 똥구멍에서 피가 났어요. 따끔거리고 너무 아파요. 할머니!"

"하이고~~으짜냐~~많이 아프겠네."

할머니는 급하게 부엌으로 다시 들어가시더니 조그만 솥단지에 물을 넣으시고 불을 때셨다. 물을 끓이신 후 뜨끈해진 물에 수건을 적셔 꼭 짜셨다.

"어이야~~이거 엉덩이에 깔고 앉아봐라. 그럼 괜찮을 거여"

"예? 이걸 어떻게 깔고 앉아요?"

할머니는 힘껏 비틀어 짠 뜨끈뜨끈한 수건을 그대로 엉덩이 가운데에 끼우라고 말씀하셨다. 처음 해 보는 거라서 진짜 민망하긴 했지만 아픈 것을 빨리 낫게 하려면 어쩔 수 없었다.

"앗!! 뜨거!"

"이히~~~그렇게 뜨끈 혀야 혀! 그래야 얼른 아물지!"

할머니는 빙긋이 미소를 지으셨다.

"하아~~~앗!! 뜨거워! 하~~아~~~아앗! 뜨~~~거라~~"

나는 아픈 똥구멍 사이를 가로지르는 뜨끈한 수건 위에 앉았다 일어섰
다 닿았다 떼었다를 무한 반복했다. 얼마나 지났을까? 이제는 따뜻해진
수건에 온몸이 노곤해졌다. 무겁게 느껴지던 머리도 긴장이 풀려 한결
가벼워지고 똥구멍의 통증도 가라앉았다. 한결 좋았다. 항문의 통증이
가라앉는 동시에 온몸의 긴장이 풀려 마음마저 편안해지는 것이 정말 신
기할 따름이었다. 역시 지혜로운 우리 할머니였다.

　하루하루 일상을 살다 보면 아주 사소한 일들을 많이 겪게 된다. 중학
생 때 변비로 고생하던 내가 할머니의 지혜로 아픈 순간을 넘겼던 이야
기는 지금도 생생하다. 아마도 처음 겪어보는 다소 민망한? 민간요법이
어서 더 기억에 남았을지도 모르겠다. 지금 생각해봐도 어떻게 그런 생
각을 할 수 있었는지가 궁금하기도 하다. 나는 할머니와의 일상 속 소소
한 일들을 통해 내가 사랑받고 보호받고 존중받고 있다는 것을 자주 느
끼곤 했다. 이 사례의 경우도 마찬가지였다. 그렇게 할머니는 나의 사소
하고 은밀한 부분까지 꼼꼼하게 챙겨주셨다. 누구나 살면서 한 번씩은
겪게 된다는 변비! 항문의 근육이 찢어지는 통증을 겪으면서도 살기 위
해 뱃속에서 필사적으로 밀어내야 했던 그 오래전 먹거리 흔적! 글을 쓰
는 내내 피식피식 부끄러운 웃음이 새어 나온다. 이런! 당신도 상상하지
마라! 나의 치부를 부끄러움 없이 보여 줄 수 있는 대상이 있다는 것은 안

전지대에 있는 듯한 편안함을 준다. 내가 굳이 꾸미지 않아도 내가 굳이 괜찮은 사람이 되지 않아도 내가 굳이 애쓰지 않아도 나라는 사람을 그대로 편안하게 받아주는 사람이 곁에 있다는 것은 정말 감사한 일이 아닐 수 없다. 그 사람은 내가 나다울 수 있도록 만들어주는 고마운 사람이기 때문이다. 가까운 사이라고 해서 모두 나를 나답게 만들어 주진 않는다. 있는 그대로의 나를 수용해 준다는 것은 오래된 사이라고 해서 당연한 것도 아니다. 그래서 더욱 그런 사람과의 만남이 특별하고 소중한 이유이다. 당신이 지금껏 가지고 있는 수치는 무엇인가? 부모의 이혼? 이혼가정의 자녀라는 사실? 부모가 헤어진 이유? 가난? 바닥을 치던 학교 성적? 얼마든지 있을 수 있겠다. 부모의 이혼을 경험한 우리는 굳이 남들에게 부모가 이혼했다거나 본인이 이혼가정 자녀라는 사실을 말하지 않는다. 질문에 꼭 대답해야 할 일이 아니면 부모에 관한 이야기는 입을 꾹 닫아버리고 애꿎은 마음마저 차단해 버린다. 솔직히 남들에게 자랑스럽게 떠벌리고 다닐 일도 아니니 말이다. 우리에게 전해지는 불편한 시선들 때문에라도 본의 아니게 더 위축되었고 꽁꽁 숨기게 되었다. 세상이 쏟아내는 불편한 시선은 어리고 힘이 없는 우리의 마음을 찌그러뜨리기에 충분한 힘을 가졌다. 그로 인해 우리에겐 부모의 이혼이 부끄럽게 여겨지는 그래서 감추어야 하는 일이 되어버렸다. 혹 자신이 부끄럽게 여기지 않더라도 세상이 수치스러운 일이라며 쉬쉬하고 있기에 그런 분위기에서 스스로 당당해지기란 너무 어려운 일이었다.

지금 생각해 보니 나도 굳이 부모의 이혼을 초등학교 내 단짝 친구들에게조차 이야기하지 않았던 것 같다. 내가 말하지 않아도 워낙 작은 동네라 소문이 순식간에 퍼지기 때문에 그럴 필요도 없었다. 옆집 부엌이 어떻게 생겼고 숟가락이 몇 개인지까지 알 정도로 두루두루 가족처럼 친하게 지내기 때문이다. 초등학교 때 나와 단짝 친구들은 교회도 함께 다녔고 우리 집에도 놀러 오고 내가 친구 집에 놀러 가 맛있는 것도 해 먹으며 서로 사이좋게 지냈다. 참 따뜻한 친구들이었다. 지금까지도 그 친구들은 나와 연결되어 있고 가슴을 설레게 하는 존재들로 나의 한 부분을 차지하고 있다. 그 친구들과 함께 있을 때 나는 한 번도 내가 이혼가정의 자녀라는 사실이 부끄러웠던 적이 없었다. 아니, 아예 잊어버리고 있었다는 표현이 더 맞을 것이다. 내 배경이나 환경은 그 친구들에겐 아무런 문제가 되지 않았다. 나는 그들 앞에서 그대로의 내가 될 수 있었다. 마음이 편안했고 즐거웠고 설레었다. 적지 않은 나이에 눈주름이 자글자글한 지금도 그들은 나를 즐겁게 하고 설레게 만든다. 그랬다. 나는 그들 앞에서 나다울 수 있었다. 내 부모가 이혼했다는 사실이 그들과 친구가 되는 것에는 장애가 되지 않았다. 그들이 나를 친구로 받아들이는데 아무런 문제가 되지 않았다. 나는 그들 앞에서 마음껏 자유로울 수 있었다.

혹시 당신도 이런 경험을 가지고 있는가? 내가 가진 부끄러움이 더 이상 부끄러움이 되지 않는 경험 말이다. 그 치부가 나의 가치를 위협하지 못하는 경험을 말이다. 나는 내가 이혼가정의 자녀라는 사실을 밝혔을 때 자신들도 같은 입장이라며 마음을 열고 다가오는 사람들을 만났다. 서로를 위로할 수 있었고 용기를 줄 수도 있었다. 더 이상 우리의 수치는 수치가 아니었고 오히려 서로를 깊이 연결해 주는 매개체가 되어주었다. 그러니 겁내지 않았으면 좋겠다. 애써 숨기지도 않았으면 좋겠다. 내 치부를 드러낼 때 내 편이 생기는 가슴 뛰는 경험을 했으면 좋겠다. 내가 내 치부를 드러낼 때 더 이상 치부는 그 의미를 상실한다. 우리가 생각했던 치부는 우리의 소중한 가치를 위협하거나 훼손할 수 없다. 우리가 더 당당해질 때 그것으로부터 자유로워지는 놀라운 경험을 하게 될 것이다. 오히려 더 강력한 인생의 무기로 장착되는 것을 직접 보게 될 것이다. 혹시 지금 당신을 당신답게 만들어 주는 사람이 곁에 있는가? 당신의 가치를 알아주고 존중하며 소중히 여기는 사람이 있는가? 그렇다면 그 사람을 평생 당신 곁에 두길 바란다. 아마도 당신은 그 사람을 만날 수 있도록 인도하신 하나님께 매 순간 감사하게 될 것이다.

나는 나를 인정하고 수용한다

유난히도 춥고 길었던 억센 겨울은 봄 장군에게 자리를 내어주면서 넓은 대지에 봄의 부산물들을 토해냈다. 나무에는 어린 새싹들이 빼꼼히 눈만 내밀어 이제는 나와도 되는지 따뜻한 봄 햇살과 실랑이를 벌이고 있었다. 들판과 밭두렁에는 그동안 땅속에 숨어있던 쑥이며 냉이며 달래들이 앞다투어 자신의 존재감을 알리고 있었다.

신나는 토요일 오후 나는 동생들과 봄 장군의 싱그러운 냄새를 코끝으로 훑으며 봄나물을 캐러 들판으로 뛰어나갔다. 우리에게 꼭 맞는 앙증맞은 대나무 바구니를 들고 들과 밭두렁을 누비고 다니기 시작했다.

"와~~~여기 봐~여기여기~~~여기 쑥이 진짜 많이 났어~~~와 아아."

여린 쑥들은 그새 키가 자라 있었다. 나는 쑥의 밑동에 흙이 최대한 묻지 않도록 캐기 시작했다. 따로 손질하는 것이 귀찮아서 나름의 꾀를 낸 것이었다. 어린 쑥들을 찾아서 밭두렁을 누비고 다닐수록 조그만 대나무 바구니에는 쑥이 소복소복 쌓이기 시작했다.

"우리 이거 많이 뜯어서 할머니한테 떡 해달라고 할까?"

"그래! 좋아~~~ 맛있겠다."

맛있는 떡을 먹을 생각에 신이 난 우리들의 눈동자는 논에 담긴 물 위에 반사된 봄의 햇살만큼이나 반짝거리기 시작했다. 얼마쯤 지났을까? 멀리서 할머니가 바구니를 들고나오시는 것이 보였다. 할머니도 쑥을 캐러 나오신 모양새다.

"할머니이이이~~~"

"그려 그려~~많이들 뜯었냐~?"

"예~~많이 뜯고 있어요! 할머니~~우리 쑥떡 해줘요~ 예?"

"이~~그려 그려~~~많이들 뜯어와라~이~이걸루다가~된장도 지져 먹고 쑥버무리도 해 묵고 그러자! 이?"

"와 아아!"

나는 할머니의 말에 뛸 듯이 기뻤다. 신이 났다. 할머니도 우리와 함께 많은 양의 쑥을 뜯었다. 봄의 향기를 흠뻑 머금은 어린 쑥의 향기는 그야말로 기가 막히게 좋았다. 단전부터 빨아들이는 쑥의 향기는 한층 넓어진 콧구멍을 통과해 뇌까지 시원하게 뚫고 들어왔다. 금방 어디 아픈 곳이라도 나을 것 같은 건강한 봄 냄새였다. 어느새 봄날의 저녁노을은 파랗던 하늘을 불그스레 점잖은 모양새로 물들이고 있었다. 집 집마다 세워진 굴뚝의 아궁이에서는 포옥뽁 포옥뽁 밥 짓는 흰 연기가 하늘 위로 날기 시작했다. 우리 집 굴뚝도 이에 질세라 밥 짓는 하얀 연기를 하늘에 날리기 시작했다. 장작불 검은 솥단지 안에서 모락모락 밥과 쑥이 익는 냄새가 기분 좋게 어우러져 마당을 가득 메우고 방안을 구석구석 휘돌아 다녔다.

"영순아~이것 좀 먹어봐라! 맛이 으떤가!"

"화아아~~맛있겠다. 쓰읍~~ 핫! 뜨거~~후우~~후우~~~홋! 뜨거라 ~~욤욤욤~~할머니 마디 떠요~하~진짜 마딧땅~~~ 후후~~훗! 뜨거 워!"

"시상이나~그러케나 맛있다냐~~ 하이고~ 자주 해 주야 쓰겠네~~"

뜨끈뜨끈한 쑥버무리를 맛있게 받아먹는 나의 모습이 할머니를 흐뭇 하게 했다. 그날도 변함없이 할머니의 건강하고 뜨끈한 사랑이 내 마음 속에 포담포담 채워지고 있었다. 할머니는 내가 어떤 말을 하든 한 번도 안 된다고 말씀하신 적이 없다. 귀가 잘 들리지 않아서 매번 다시 물으시 긴 했지만 내 이야기에 항상 귀를 기울여 주셨다. 그리고 그것이 무엇이 든 항상 "그려, 그려." "그려라!" "그렇게 혀. 니가 어련히 잘 알아서 할리 라고!" "니가 원하는 대로 혀!"라고 말씀하시며 매번 긍정적으로 반응해 주셨다. 어떻게 그럴 수 있었을까? 의문이 들 정도다. 자녀를 낳고 키워 본 사람이라면 공감하는 부분일 것이다. 나 또한 아이들을 키우면서 이 건 안 된다. 저건 하지 마라. 원해도 지금은 할 수 없다. 등 부정적인 메시 지를 던지기 일쑤였다. 물론 무조건 'OK' 하는 것이 좋다는 말은 아니다. 안 될 때는 분명히 안 된다고 해야 하고 절대로 하지 말아야 하는 것에는 단호하게 하지 않도록 교육하는 것 또한 매우 중요한 일이기 때문이다. 따라서 우리는 원하든 원하지 않든 거절도 당하고 수용되지 않는 경험을 한다. 보통 이런 거절의 경험은 순간 화가 나거나 좌절하지만 금세 회복이 된다. 그러나 부모의 이혼이라는 경험을 통해 얻어지는 거절감은 다르다. 그 부작용은 더 치명적이며 회복하기도 어렵다. 그러나 결코 불가능한 것만은 아니다. 자신을 있는 그대로 인정해 주고 수용해 줄 수 있는 건강한 대상과 시간이 필요할 뿐이다. 누군가로부터 한결같은 긍정적 수용의 경험만 있다면 말이다. 적극적인 수용의 경험이 왜 우리에게 더 필요한지 또 그것이 어떤 효과를 가져오는지에 대해 내 경험을 토대로 이야기하겠다.

부모의 이혼은 내가 선택한 것이 아니었다. 나는 그것에 동의한 적도 없었다. 그러나 나에게는 큰 상처를 남긴 사건으로 남아있다. 부모의 이혼을 경험하고서도 아무렇지도 않은 듯 평범한 일상을 살아갈 수 있는 자녀는 없다. 조금의 심경 변화도 없이 아무렇지도 않게 살아갈 수 있다면 오히려 자녀의 상태를 의심해 봐야 하며 그것이 더 큰 문제가 될 가능성이 있다. 공포상황에서는 겁을 먹고, 상실의 상황에서는 슬퍼하고 억울한 상황에서는 화를 내는 등의 감정표현은 너무나 자연스러운 일이다. 이러한 표현들이 정상적으로 기능하지 않는다면 그것이 더 큰 문제라는 것이다. 우리가 부모의 이혼으로 인해 경험할 수 있는 감정들은 매우 다양하다. 슬픔, 분노, 놀람, 두려움, 불안, 우울 등 대부분 부정적인 감정들이다. 당연하다. 부모의 이혼이 즐겁거나 기쁜 일은 아니니 말이다.

부모의 이혼을 경험한 후 자녀들이 보이는 다양한 부정적 감정은 너무나 자연스러운 일이다. 이것을 무시하거나 억압하는 환경이 더 문제가 된다. 부정적인 감정을 갖는 것 자체가 나쁘다는 식의 뉘앙스를 풍겨서도 안 된다. 자녀들은 분위기를 감지하는 능력이 매우 탁월하기 때문이다. 감정에는 나쁜 감정과 좋은 감정이 없다. 그냥 감정 자체가 존재할 뿐이다. 따라서 이혼한 부모의 감정뿐만 아니라 그 자녀에게도 지금의 감정을 마음껏 표현해도 괜찮다고 인지시켜야 한다. 자연스레 나타나는 부정적인 감정들을 부정하고 억압하는 것이 아니라 잘 표현하고 효과적으로 처리하는 것이 더 중요하기 때문이다. 그래야 정신적으로나 심리적, 신체적으로 건강한 성인으로 성장할 수 있다. 나는 그 시절 내 감정을 마음껏 표현해도 되는 환경에 있지 않았다. 한동안은 그랬다. 특히 엄마가 나를 찾아오는 날이면 아빠의 화로 인해 집안 분위기가 전쟁터가 되는 날이었고 그 반응을 보며 자연스럽게 내 감정을 억눌러 표현하지 않게 되었다. 엄마가 보고 싶어 눈물이 나도 아빠 몰래 숨어서 혼자 울어야 했고 엄마가 궁금해도 질문해서는 안 되는 금기사항이었으니 말이다.

  건강하지 못했던 모습이었고 참 안타까운 일이다. 부모의 이혼으로 인해 자녀는 할 수 없이 한쪽 부모와 살아야 하거나 조부모나 친척에게 맡겨지게 된다. 이 과정에서 자녀는 헤어져야 하는 부모와의 관계를 어떻게 정리해야 하는지가 매우 중요하다. 이 관계를 잘 정리할 수 있도록 도울 수 있는 것은 자녀를 양육하기로 한 부모의 역할이 가장 크고 그 외로 주변 어른들이다. 섣불리 전 배우자와 아직 정리되지 않은 감정으로 자녀 앞에서 헤어진 배우자를 나쁜 엄마나 아빠로 몰아서는 안 된다. 그것은 자녀까지 그 부정적인 관계 패턴에 끌어들이는 것이나 다름없다. 헤어진 부부 사이에 아직 해결되지 못해 남아있는 부정적인 부분들은 온전히 부모의 몫이다. 자녀에게 떠넘기지 말아야 한다. 다 그렇지는 않지만 그중 성숙하지 못한 부모는 자녀에게 전 배우자의 나쁜 모습만을 이야기하며 자기 잘못을 정당화하거나 합리화하려 한다. 그 와중에 자신이 피해자 역할을 자청해 자녀에게서 동정심을 유발하고 자신의 편으로 만들기도 한다. 이런 분위기나 환경에서 함께 살지 않는 부모에 대한 좋은 감정과 생각을 갖는다는 것 자체가 불가능한 일이 아니겠는가! 동시에 헤어진 부모가 자신과 함께 살기를 거부했다는 둥 버렸다는 둥 최악의 이야기를 했을 때 가해지는 엄청난 충격은 어린 자녀가 감당하기에 감히 상상할 수조차 없는 크기임에는 틀림이 없다. 생각만으로도 소름이 끼친다. 그 충격은 고스란히 자녀의 잠재의식에 들어가 자신과 부모, 세상을 향한 두려움과 원망, 슬픔, 분노로 저장이 된다. 자신을 보호하고 지켜줘야 하는 근본적인 보호 시스템이 이미 망가졌다는 것을 자녀는 너무 잘 안다. 그런데다가 성숙하지 못한 부모로 인해 그 보호 시스템으로부터 자신의 존재가 거절당했다거나 버려진 것으로 인식하게 만드는 것은 자녀의 건강한 성장에 큰 위협이 될 수밖에 없다.

비양육자 부모와의 건강한 관계를 위한 재정립의 기회를 망치는 일일 뿐 아니라 자녀 자신에 대한 부정적인 신념과 주변의 모든 인간관계에 타격을 받게 되는 일이 벌어지게 되는 것이다. 자신은 거절당한 존재, 쓸모없는 존재, 버림받은 존재라는 생각들이 자녀의 잠재의식에 각인되는 것을 막아야 한다. 막는 것은 헤어진 부모의 몫이며 주변 어른들의 몫이며 사회의 몫이다. '부모도 자신을 거절했고 버렸는데 이 세상의 그 어떤 사람이 자신을 있는 그대로 받아들일 것인가?'라는 신념이 자리를 잡을 수도 있다. 당연히 그럴 수 있다. 그래서 타인의 긍정적인 수용을 그대로 받아들이지 못할 수도 있다. 자신에게 친절을 베푸는 사람에게 불순한 의도가 있다고 생각할 수 있다. 그래서 건강한 성인으로부터의 꾸준한 수용 경험이 필요한 것이다. 이것이 가능해진다면 얼마든지 부정적인 신념은 바뀔 수 있다. 사람마다 그 기간이야 각각 다르겠지만 한결같이 누군가로부터 받아들여지는 경험의 힘은 강력하다. 따라서 우리는 수용받는 경험이 절대적으로 필요하다. 우리의 존재를 소중하게 여기고 조건 없이 받아주는 대상이 필요하다. 그 대상이 양육자이든 아니든 상관없이 헤어진 부모는 당연하고 조부모나 친척들 선생님이나 친구들 그 어떤 누구든 다 괜찮다. 우리를 둘러싸고 있는 모든 인간관계와 다양한 사회환경 그리고 자연환경에 이르기까지 자신이 수용되고 있다는 경험이 중요할 뿐이다. 내 경험상 지금도 정말 다행이라고 생각하는 것은 나를 키워냈던 할머니의 양육방식이 매우 긍정적이며 수용적이었다는 사실이다. 내가 의도하거나 원한 건 아니었지만 내가 맞닥뜨린 상황이나 개인적인 성향에 그야말로 맞춤이었다.

할머니의 타고난 성품과 성향이 만들어 낸 양육방식은 내가 처해있던 환경에 비해 나를 건강하게 성장할 수 있도록 도왔고 나는 그것에 감사하지 않을 수 없다. 할머니 손에서 자란 나는 대인관계에 있어 사람을 의심 없이 순수하게 잘 믿는다. 나를 겪어 본 사람들은 내가 겉과 속이 일치하는 투명한 사람이라고들 한다. 그렇다. 나는 정직하게 진심으로 다가가는 관계를 추구한다. 사실 내 마음을 훤히 뚫어 볼 수 있는 이런 관계 패턴으로 인해 이용당해 손해를 본다거나 배신을 당하는 경험을 종종 하기도 한다. 그러나 사람을 믿고 진심으로 다가가려는 나의 대인관계 패턴에는 그리 큰 영향을 끼치지는 못했다. 물론 내 진심이 이용당했다거나 배신을 당했다는 것을 깨달았을 때 밀려오는 엄청난 실망감과 분노에 휩싸여 며칠을 끙끙 앓을 때도 있었지만 말이다. 우스갯소리로 말하지만 마음먹고 사기를 치려 하는 사람들에게는 나 같은 사람이 백 퍼센트 표적이 되지 않을까 한다. 어쩌겠는가! 사기꾼들 입안에서 질겅질겅 씹히는 껌 같은 존재가 된다는 것은 생각만으로도 끔찍한 일이겠지만 세상에는 좋은 사람들만 있지 않다는 것을 새삼 다시 깨닫게 되고 덕분에 사람을 보는 눈이 더 예리해지는 것은 세상의 쓴맛을 본 사람에게 주어지는 이득이지 않겠는가!

그러니 원만한 자신과의 관계와 대인과의 관계 그리고 세상과의 관계를 만들기 위해서는 죽고 사는 문제나 남에게 피해를 주는 문제가 아닌 이상 관계에 있어 적극적으로 인정해 주고 수용해 주는 긍정적인 경험을 지속해서 해야 한다. 모든 관계에 필요하고 중요한 부분이다. 그중에서 가장 중요한 것은 자신과의 관계다. 자신과의 관계란 자신을 스스로 인정하고 수용하는 경험이다. 왜냐하면 자신과 평생 함께 갈 사람은 바로 그 누구도 아닌 자기 자신이기 때문이다.

스스로 꽤 괜찮은 사람으로 좋은 사람으로 인정하고 수용하는 것은 죽을 때까지 변하지 않을 내 편이 생기는 것이다. 만약 이 기능이 제대로 작동이 된다면 타인의 인정이나 수용을 얻는 것이 목숨을 걸 정도로 중요해지지 않는다. 우리는 타인들의 반응을 통제할 수 없다. 내가 인정과 수용이 필요할 때마다 끌어낼 수 없다는 말이다. 말 그대로 타인은 변동성이 강한 변수이다. 타인이 나를 인정해 주고 수용해 준다면 너무나 감사한 일이다. 그러나 그렇지 않다고 해도 상관없는 일이 될 수 있다. 왜냐면 나에게 가장 중요한 존재인 자신에게서 이미 인정과 수용이 이루어지고 있기 때문이다. 타인으로부터든 자신으로부터든 내가 인정받고 수용받는 경험은 필요하다. 특히 자신을 지키고 보호해야 할 부모라는 대상에게서 큰 거절감을 경험했던 사람에게는 더욱 그렇다. 우리에게는 이미 자신을 긍정적인 방향으로 바라볼 수 있는 긍정의 힘이 존재한다. 그 안에는 자신을 인정하고 수용할 수있는 힘도 물론 들어있다. 혹시라도 부모의 이혼을 경험했지만 자신의 존재가 거절당했다거나 버림받은 쓸모없는 존재라는 식의 생각을 한 번도 해 본 적이 없다면 진심으로 축하한다. 감사한 일이다. 그러나 그렇지 않다면 의지를 들여 선택해야 한다.

우리가 비록 헤어진 부모로부터 거절을 당했다 할지라도 내가 나를 거절하지 않았고 주변의 좋은 사람들에게서도 거절당하지 않았다고 스스로 말해주어야 한다. 가만히 생각해 보면 우리는 거절당했던 경험보다 인정받고 수용 받았던 경험이 훨씬 더 많다는 것을 깨닫게 될 것이다. 혹시라도 진짜 버려짐을 당했다면 과거의 깊은 원망과 슬픔에서 빨리 벗어나라. 진심 당신을 위해서다. 아직 깨닫지 못하고 있을지 모르겠지만 당신은 이미 주변의 좋은 사람들로부터 좋은 환경들로부터 알게 모르게 지켜진 경험을 더 많이 하고 있다. 나는 당신이 그것을 깨닫게 되는 날이 올 것이라 믿는다. 내 욕심 같아서는 이 글을 읽는 순간 깨닫게 되길 바라지만 말이다. 믿어지지 않는가? 이 순간 이 자리에 당신이 건재하게 살아있다는 것이 그 증거다. 우리는 지켜진 존재이고 지금도 지켜지고 있다. 다양한 대상으로부터 인정받고 있고 받아들여지고 있다. 오히려 누군가에게는 필요한 존재이며 중요한 존재로 받아들여지고 있다. 그러니 긍정을 선택하자. 더 이상의 이유가 없다. 이것은 우리의 자유이자 권리이다.

우리는 생각 그 이상의 존재다

　내가 서울에서 동생들과 함께 자리를 잡고 있었을 때였다. 갓 성인이 되었던 나에게는 만만치 않았던 사회생활이 어느 정도 익숙해지기 시작했던 시기였다. 독립하게 되면서 일상을 함께했던 할머니는 명절에만 겨우 내려가 만날 수 있게 되었고 그로 인해 할머니와 고향에 대한 애틋한 그리움은 늘 가슴 한쪽에 쌓여가고 있었다. 사회생활에 적응하며 열심히 살아가느라 정신없었던 바쁜 일상과 할머니와 고향에 대한 아련한 그리움을 동시에 느끼며 하루하루를 살아가고 있던 어느 날이었다. 갑자기 시골에 계신 할머니가 서울에 있는 막내 작은아버지 댁에 올라오신 것이다. 그리고 며칠간 그곳에서 지내게 되었다. 작은아버지 댁과 가까이에 살았던 나는 할머니를 만날 생각에 설레고 기쁜 마음에 참을 수가 없었다. 연세가 많으셔서 거동이 불편하셨던 터라 직접 서울까지 오신다는 것은 정말 생각지도 못했던 일이었기에 더 반가운 마음이었던 것 같다.

부랴부랴 작은댁으로 할머니를 만나기 위해 방문했다.

"할무니이!"

"하이고~우리 영순이 왔냐? 어여와라! 시상이."

나는 할머니를 만나자마자 늘 그랬듯 얼싸안고 양쪽 볼에 번갈아 가며 뽀뽀를 퍼붓기 시작했다.

"할머니~오시느라 힘드셨죠? 괜찮았어요?"

"하이고~괜차녀어! 차 타고 오는디 뭐! 암씨렁 안혀."

작은어머님은 그 당시 초등학생이었던 사촌 동생들이 학원에 가기 전에 먹을 간식을 준비하느라 이리저리 분주하게 움직이셨다. 얼마나 지났을까. 아주 정성스레 만든 맛있는 간식이 나왔다. 사촌 동생들은 후다닥 간식에 달려들어 먹기 시작했다. 학원 시간이 촉박했던 모양이었다. 나는 그 옆에서 할머니와 이런저런 이야기를 나누고 있었다. 그런데 나와 이야기하는 중간중간에 할머니의 시선이 잠깐씩 사촌 동생들 간식 먹는 모습에 머무르고 있다는 것을 느꼈다. 그러면서 함께 이야기하던 나의 시선도 할머니의 시선을 따라 사촌 동생들의 모습으로 옮겨지곤 했다. 어느새 할머니의 시선은 아예 간식 그릇에 머물러 버렸다. 그리고 시선이 꽂힌 채로 할머니는 나지막하게 혼잣말을 하셨다.

"우리 애들은 클 때 저런 것도 못 먹였는디……."

"……."

할머니는 부러움과 아쉬움, 안타까움과 속상함이 섞인 눈빛으로 지그시 넋을 놓고 비어져 가는 간식 그릇을 바라보고 계셨다. 나는 할머니의 혼잣말에 흠칫 놀랐다. 바로 반응할 수가 없었다. 예전 당신이 손녀들을 키울 때의 모습을 회상하며 깊은 생각에 잠기신 듯해서였다.

'우리 애들은⋯⋯.'

'우리 애들은⋯⋯.'

'우리⋯. 우리⋯. 애들은⋯⋯.'

그랬다! 그때 나는 알았다. 할머니에게 나라는 존재가 손녀 그 이상의 존재였다는 사실을. 할머니에게 나는 그냥 손녀가 아닌 자식과 같은 존재였다. 그냥 당신이 희생하고 공들여 키워낸 또 다른 자식이었다. 자식 같은 손녀에게 제대로 좋은 것도 못 먹여 키웠다는 할머니의 속상함과 죄책감이 고개를 들었던 것이다. 백내장으로 더욱 침침했던 할머니의 눈은 사촌 동생들이 간식 먹는 모습에 한동안 그렇게 고정되어 있었다. 옆에서 할머니 모습을 조용히 지켜보고 있으려니 갑자기 뭉클함이 올라왔다. 코끝이 매콤한 듯 시큰거렸다. 할머니에게 나라는 존재가 손녀 그 이상의 자식 같은 존재였다는 것이 계속 감동으로 가슴을 크게 울렸고 울컥거리도록 만들었다. 나는 할머니의 마음을 위로해 드리고 싶었다.

"할머니~우리도 맛있는 것 해 주셨잖아요."

"에휴우~~시상이, 그때는 너희들 먹일 게 없어서는⋯참말로 먹을게 시원찮였어!"

할머니는 더 이상 말을 잇지 못하셨다. 그렇게 한동안 조용히 시간은 흘러갔다. 할머니는 생각보다 손녀들에게 마음껏 먹이지 못한 것에 대한 안타까움과 죄책감이 크셨던 것 같다. 지금도 나는 할머니의 그 눈빛을 잊을 수가 없다. 나는 할머니와 함께 살면서 굶었던 적이 없다. 배고파했던 기억도 없다. 끼니때마다 챙겨서 먹을 수 있었고 때때로 소박했지만 맛있는 계절 간식도 챙겨주셨다. 물론 내가 부모가 되어보니 할머니의 마음이 어떤 건지 더 깊이 이해가 되었다. 살을 빼기 위해 그만 먹으라고 하는 것과 없어서 못 먹이는 것은 하늘과 땅 차이이기 때문이다. 그 당시 생활이 풍족한 것은 아니었지만 먹는 것에 대한 큰 불만은 없었다. 계절에 맞게 생겨나는 소박하지만 건강에 좋은 천연 간식거리가 있었고 더 중요한 건 그때마다 챙겨주시는 따뜻한 할머니가 항상 곁에 계셨기 때문이었다. 사실 육체의 허기짐과 배고픔은 신체가 금방 반응하기 때문에 우리가 쉽게 확인할 수 있어 그 욕구를 당장이라도 채울 수 있다. 그리고 어느 정도는 필요한 만큼 조절해가며 참을 수도 있다. 물론 생명에 지장이 있을 정도로 심각하지만 않다면 말이다. 그러나 정서적 허기짐이나 배고픔은 다르다. 여기서 말하는 정서적 허기짐이나 배고픔이란 우리가 성장하는 과정에서 꼭 받아야 하는 애정과 사랑을 받지 못해 생기는 정서적 결핍을 말한다. 정서적으로 필요한 욕구가 좌절되거나 부족해서 생기는 현상인데 이 정서적 배고픔은 눈에 쉽게 띄지 않는다는 것이 문제다. 따라서 정서적 결핍에 대한 심각성 또한 쉽게 간과될 수 있는 이유이기도 하다. 정서적 욕구를 채우는 것이 얼마나 중요한 것인지 그것에 대해 일깨워주는 오래됐지만 유명한 실험이 있다. '해리 할로의 붉은 원숭이 실험'이 그것이다. 해리 할로의 붉은 원숭이 실험에서는 정서적 욕구를 충족시키는 것이 얼마나 자녀에게 중요한 것인지 잘 보여주고 있다. 1940년대 미국 조지아대학의 교수였던 해리 할로 박사에 의해 진행된 이 실험은 아이와 부모에 대한 애착의 본질을 연구하는 것이었다. 그 당시 미국은 행동주의 심리학이 주를 이루었던 시기였기에 애착 형성에 관한 것도 자연스럽게 행동주의 심리학적 관점에서 바라보고 있을 때였다. 예를 들어 아이가 운다고 해서 자주 안아주게 되면 그 행동이 강화되어 더 자주 울게 되고 나약한 울보 아이가 된다고 생각해 안아주지 못하도록 하는 것이 바로 이런 경우라 하겠다. 운다고 자꾸 안아주면 손을 탄다는 말도 있지 않은가! 아이는 태어날 때부터 아이 방에서 따로 재워야 독립심이 생기고 시간에 맞춰서 우유를 줘야 한다는 식의 엄격한 육아 방식을 선택했고 그것이 유행하고 있었다. 부모와 아이의 관계에서 형성되는 애착은 부모로부터 영양을 공급받는 보상 차원에서 생겨나는 것이라고 생각했다. 그래서 부모는 적절한 보상으로 아이가 올바르게 자랄 수 있도록 통제할 수 있다고 생각했다. 이러한 육아 방식은 현재 우리나라 부모들이 하는 육아 방식에서도 쉽게 찾아볼 수 있는 부분이다. 그러나 할로 교수의 붉은 원숭이 애착 실험은 이 생각들을 완전히 뒤집어 놓았다. 이 실험은 인간과 94%의 DNA 일치율을 가지고 있는 붉은 새끼 원숭이가 그 대상이었다. 우선 갓 태어난 새끼 원숭이를 어미 원숭이로부터 떼어내었다. 그리고 실험에 쓰일 철사로 된 어미 모형의 원숭이 두 개를 놓고 하나는 우유병을 하나는 천을 덮어 놓았다. 실험용 철사 어미 원숭이가 있는 우리 안에 새끼 원숭이를 집어넣었고 이후로 새끼 원숭이가 어떻게 반응하는지 관찰한 것이다. 실험 전까지만 해도 새끼 원숭이는 분명 우유병이 꽂혀있는 철사로 된 어미 모형의 원숭이로 갈 것이라 생각했다. 그러나 반전이 일어났다. 새끼 원숭이는 배가 고플 때만 우유병이 꽂혀있는 어미 모형 원숭이로 갔고 배가 차면 우유병이 없는 부드러운 천으로 싸인 어미 모형 원숭이에게서 많은 시간을 매달려 있었다. 새끼 원숭이는 천으로 싸인 어미 모형 원숭이의 얼굴을 깨물기도 하고 비벼대며 시간을 보낸 것이다. 깜짝 놀랄 상황을 만들었을 때도 우유병이 꽂혀있는 어미 모형 원숭이에게 간 것이 아니라 천으로 싸여있는 모형으로 달려가 매달렸다. 할로 교수의 붉은 원숭이 실험으로 결국 알게 된 것은 부모와 자녀의 애착 관계는 보상 차원에서 형성되는 것이 아니라 신체접촉으로 만들어진다는 것이었다. 그래서 아이들과의 관계에서 신체접촉과 놀이가 중요하다는 것을 보여 주었다. 따라서 정서적 배고픔을 해결할 수 있는 것은 보상이 아니라 접촉 즉 신체접촉이라는 결론이 난 것이다. 이후에도 실험조건을 다양하게 하여 실험을 관찰했지만, 마찬가지 결과가 나왔다. 그렇다면 여기에서 애착은 무엇일까? 애착이라는 것은 아이가 부모처럼 매우 가까운 사람에게서 느끼는 친밀함을 말한다. 친밀함을 바탕으로 강한 정서적 관계를 형성하는 것이 애착 관계이다. 왜 애착 관계를 그렇게 중요시하는 것일까? 이에 대해 설명하자면 먼저 '인간은 사회적 동물'이라는 아리스토텔레스의 격언을 전제로 풀어나갈 수 있겠다. 말 그대로 인간은 독불장군처럼 혼자서 살아가는 존재가 아니다. 대인관계를 바탕으로 성장하며 살아간다. 가족에서 시작해 점점 그 영역을 확대하며 점차 많은 사람과의 밀접한 관계를 맺고 살아간다. 즉 애착은 사회적 관계의 기초가 되는 것으로 아이들의 사회성 발달에 매우 중요한 요소이다. 부모와의 관계에서 안정적인 애착을 형성한 아이는 친구와 친척뿐 아니라 다양한 사회구성원들과의 친밀한 관계 속에서 기쁨과 즐거움을 느끼며 행복해한다. 그리고 어려움이 닥쳤을 때도 이를 잘 극복해 나갈 수 있다. 대인관계에 기초가 되고 사회성 발달에 중요한 애착 형성의 주요 원인으로 밝혀진 접촉의 종류는 다양하다. 머리를 쓰다듬거나 등을 쓸어내리는 것과 같은 신체적 접촉이 있는가 하면 사랑의 눈빛으로 바라본다거나 웃어 주는 정서적 접촉이 있고 항상 좋은 말이나 힘이 되는 말, 용기를 주는 말, 자랑스러워하는 말을 하는 언어적 접촉이 그것이다. 당신은 어떤 접촉을 많이 받아보았는가? 당신은 또 어떤 접촉을 많이 하고 있는가? 먹을 것이 없어 기아 상태에 빠져 죽을 것 같은 위기 상황에서는 쓰레기통이라도 뒤져서 먹을 것을 찾는다. 이처럼 정서적으로도 심각한 기아 상태에 빠지게 되면 긍정적인 반응이 아니라 부정적인 반응이라도 끌어내 자신에게 관심을 갖게 하는 방법으로 정서적 허기짐을 채운다.

나는 그날 할머니의 눈빛을 보면서 많은 생각이 들었다. 할머니를 양육자로 만나게 되었던 나는 참 행복한 사람이고 행운아였다고 말이다. 그날 할머니가 생각한 대로 성장기의 나는 양질의 좋은 음식을 많이 먹어보지 못했을 수도 있다. 아니 그랬다. 하지만 양질의 건강한 접촉들은 골고루 풍성히 받으며 자랐다고 확신할 수 있다. 이런 것들이 모두 가능했던 이유는 바로 할머니에게 나는 내가 생각한 그 이상의 소중한 존재였기 때문이다. 그래서 결코 풍족한 삶은 아니었지만, 그 안에서도 감사하며 살아갈 수 있었다. 당신도 누군가에겐 생각 그 이상의 존재임을 기억하길 바란다.

결코 혼자 걷지 않았다

"불길 같은 성신여~간구하는 우리게 지금 강림하셔서 영광 보여주소
서~"

어스름한 가로등 불빛과 함께 저 멀리 교회에서 들리던 찬송가 소리는
점점 가까이 크게 들리기 시작했다. 나는 교회 특별예배에 참석하고자
할머니와 좁은 논길을 지나가고 있었다. 시골 저녁은 참 빨리도 저무는
통에 컴컴한 어둠이 늘 득달같이 달려들었다. 건전지가 다 떨어진 낡은
손전등은 집 마루 구석에 처박아 두고 온전히 달빛에만 의존해 무성하게
자란 풀 길을 더듬더듬 헤쳐 나갔다.

"조심혀라 이? 여기 할머니 옷 잡어!"

"예! 할머니."

할머니는 논을 가로지르는 좁은 길을 걸어가며 그 옆에 풍성하게 자라

있는 풀들을 발로 제치기 시작했다. 한껏 땅의 에너지를 빨아들여 억세진 풀들이 다시 일어나지 못하도록 발로 꾹꾹 밟으면서 한 걸음 한 걸음 앞서가셨다. 평평해진 풀 위로 나는 편하게 작은 발을 옮길 수 있었다. 그런데도 키가 큰 놈들은 사정없이 할머니 무릎으로 달려들었다.

"조심혀라 이? 하이고~이놈의 풀들은 계속 달겨 들었쌌네. 여기 밟아 놓은 대로만 와. 미끄러지니까 조심허고."

"예."

잘 보이지도 않는 캄캄한 길이 무서웠던 나는 할머니의 뒤 옷자락을 꼭 잡고 앞선 발자국을 따라 조심조심 발을 옮기고 또 옮겼다. 드디어 큰 길이 나왔다.

"하이고오~~이제 됐다~시상이나 풀들이 왜 이렇게 많이 자랐다아~"

한껏 물이 오른 풀들로 인해 축축해졌다. 금세 후줄근해진 할머니의 바짓단에는 따끔따끔 찔러 대는 도둑 가시도 촘촘히 달라붙어 그 존재감을 드러내고 있었다.

"어! 할머니!! 할머니 옷이랑 신발이 다 젖었어요. 어떡해요?"

"괜차녀어~~암씨렁 안혀어~너는 괜찮냐?"

"나는 괜찮아요"

"그려~그럼 됐다!"

나는 어릴 때부터 유독 시골의 칠흑같이 까만 밤과 달빛을 의지하는 것에 익숙해져야만 했다. 빨간색의 낡은 랜턴이 있었지만 늘 방전상태였다. 그것을 볼 때마다 나는 왜 건전지를 사지 않는 건지 궁금했다. 혹시 돈이 없어 못 사는 걸까도 생각해봤지만 이유는 딱히 알 수 없었다. 불편함을 감내해야 하는 것은 나에겐 일상 그 자체였다. 매번 밤하늘에서 고요히 쏟아지는 달빛을 등불 삼아 거친 길들을 앞서거니 뒤서거니 할머니와 함께 걸었다. 가끔 대낮같이 밝은 달빛이 드리워지는 계절이 오면 어찌나 좋고 또 감사했었는지 모른다. 직접 경험해 보지 못한 사람은 아마도 그 기분을 모를 것이다. 할머니와 함께 살게 되면서 다니게 된 교회는 나의 유일한 놀이터였다. 예배도 좋았지만 내가 좋아하는 친구들도 있었고 맛있는 간식도 있었고 가끔 내 끼도 발산할 수 있는 행사도 있었기 때문이다. 교회를 좋아하던 나는 새벽이나 늦은 밤에 할머니를 따라 교회에 가는 것도 즐겨 했다. 물론 새벽에 일어나 교회에 가는 것은 잠이 많았던 나에겐 매우 힘들었던 일이다. 그런데도 어렵게 일어나 할머니와 함께 새벽예배를 가는 날이면 하늘에서 엄청나게 쏟아질 듯 반짝거리는 수많은 별을 볼 수 있어 좋기도 했다. 손녀가 행여 거친 길을 갈까 앞서 제치고 꾹꾹 밟아 평평하게 길을 만들어 주셨던 할머니. 손녀만 괜찮다면 당신도 괜찮던 할머니의 젖은 신발과 후줄근해졌던 옷이 지금은 가슴 애달프게 그립다.

그렇게 할머니를 따라 10살 때부터 다니기 시작한 교회는 50이 된 지금까지도 꾸준히 다니고 있다. 할머니로부터 물려받은 믿음의 유산은 내 인생의 많은 부분을 차지하는 빠질 수 없는 중요한 요소가 되었다. 내가 가는 길에는 할머니가 늘 함께였다. 함께 걸었다. 나의 걷는 길이 고단하고 힘든 길이 되지 않도록 앞서가며 편한 길을 만들어 주시곤 했다. 당신의 손녀만큼은 고단하고 험한 길을 걷지 않길 바라는 마음에서 미리 앞서가시며 길을 만드신 모양이다. 할머니가 함께 걸어주셨던 그 길을 바통으로 이어받아 친구들이 함께 걸어가 줬다. 선생님과 교수님, 목사님과 믿음의 동역자들이 함께했다. 같은 꿈을 꾸며 학구열을 높이던 동기 선생님들을 비롯해 동생들과 그 밖의 지인들, 한 번도 얼굴을 보지 못한 분까지도 나와 함께 걸어주었다. 내가 힘들어할 때마다 그들은 나에게 손을 내밀어 주었고 앉아서 쉴만한 곳을 제공해 주었다. 내 쓰러진 마음을 일으켜 세워줬고 다시 걸을 수 있다고 용기도 주었다. 할머니가 걸어주신 그 길이 이제는 더 많은 사람이 이어서 나와 함께 걷고 있다. 얼마나 감사한 일인가! 얼마나 기적 같은 일인가! 내 인생 여정에서 이토록 많은 사람이 나와 함께 걷고 있었다니 말이다. 당신도 지금 머리에 떠오르는 사람이 있는가? 당신 옆에서 함께 걷기도 하고 앞서 걷기도 하며 당신의 인생길이 조금 더 평탄하길 바라는 사람 말이다.

가만히 생각해 보라! 그러면 지금껏 당신은 혼자 걷지 않았다는 것을 알 수 있을 것이다. 굳이 부모님이 아니어도 괜찮다. 그 사람이 누구든 당신과 함께 걸어주는 단 한 사람만 있어도 때론 고되고 어려운 인생길이라 할지라도 걸을 만 할 것이다. 우리는 그 사람들을 꼭 기억해야 한다. 본인들의 선한 영향력을 자랑하지 않는 그들의 특성상 우리에게 도움을 주었던 것조차 기억하지 못할 수도 있기 때문이다. 그들이 우리와 함께 걸어준 것처럼 우리도 함께 걸어줘야 할 사람들이 있음을 기억하자. 나는 오늘도 내 아이들을 시작으로 나와 함께 걷고 싶고 걸어야 하는 사람들을 찾는 작업을 한다. 아직도 많이 준비되어야 하는 부족한 사람이지만 그 부족함도 도움이 되길 바라면서 말이다. 결국 우린 혼자가 아니었다. 함께였다!

자신에게 긍정으로 접촉하라

그날의 겨울 밤새 소복이 쌓인 새하얀 눈은 마치 온 세상에 내린 선물처럼 하얀 달빛을 받아 예쁘게 반짝거렸다. 겨울 달빛이 마당에 쌓인 눈 위로 한가득 반사되어 두꺼운 겨울 창호지를 어렵사리 뚫고 어스름 통과하고 있었다. 그날따라 차가운 달빛에 꽁꽁 얼어붙어 더더욱 추운 겨울밤이었다. 백 년 가까이 된 집과 함께 사는 시골의 심술궂은 웃풍은 살살 주변을 돌아다니며 방안에 찬 바람을 일으켰다. 이에 질세라 어린 나는 방안에서 따뜻한 기운을 모으기 위해 무겁디무거운 목화 솜이불을 얼얼해진 귀 위까지 힘겹게 끌어당기며 따뜻해지려고 안간힘을 썼다. 차가운 내 발은 그날 밤도 변함없이 비비적비비적 꼼지락꼼지락 비벼대며 한껏 열을 내고 있었다. 이런 행동은 손과 발이 유난히도 차가웠던 내가 겨울을 버텨내기 위해 찾아낸 나름의 생존전략이었다. 겨울이 되면 항상 할머니가 결혼하실 때 해 오셨다는 혼수이불과 친해져야만 했다. 세월의 묵은 냄새가 나는 무거운 이불을 매일 덮어야 한다는 것은 하기 싫은 숙제를 억지로 매일 해야 하는 것처럼 그리 달가운 일은 아니었다. 묵직한 세월의 냄새와 그 무게감을 온몸으로 고스란히 느껴야 하는 것이었기에 작고 마른 나에겐 그리 만만한 일은 아니었다. 그래도 그 이불이 아니었으면 어찌 칼끝처럼 예리한 한겨울의 바람을 막을 수 있었을까 싶기도 하다. 그날 밤도 가까스로 무거운 겨울 이불을 방패 삼아 머리까지 끌어당겨 덮었다. 그리고는 차가워진 두 발을 연신 비벼대며 깜찍한 생존을 시작하고 있었다.

'비비적비비적 꼼지락꼼지락'

그런데 바로 그때였다! 옆에서 주무시던 할머니의 두 발이 쓱 다가오더니 비비적거리며 연신 열을 내고 있던 내 차가운 발을 폭 감싸는 게 아닌가! 아마 하도 이불 속에서 들썩거리며 꼼지락대니 무슨 일인가 싶었던 모양이었다.

"하이고오~~~차가워라. 시상이~발이 왜 이렇게 차갑댜."

걱정되고 안타까워하는 할머니의 마음이 발끝으로 전해져 왔다. 오랜 세월 풍파를 맞아 거칠어지고 까슬까슬해진 건조한 발이 요리조리 내 발을 감쌌다. 열심히 비벼대며 생존의 열을 올리고 있었던 내 차가운 발은 할머니의 발 속에 감싸져 따뜻한 온기를 받기 시작했다.

"으아~~따뜻하다. 할머니, 따뜻해요."

할머니 발은 정말 따뜻했다. 같은 방에 누워있음에도 불구하고 왜 내 발은 차갑고 할머니 발은 유난히도 따뜻했던 걸까? 잘 모르겠다. 그것이 그리 중요한 것도 아니었다. 그저 내 발을 따뜻하게 녹여주고 있는 할머니 발이 내 마음마저 따뜻하게 녹여주고 있었으니 그야말로 최고의 기분이라는 것뿐! 할머니는 내 옆으로 바짝 더 다가오셨다. 할머니의 따뜻한 체온이 나에게 옮겨지고 있었다. 노곤하게 발이 따뜻해지니 잔뜩 움츠렸던 어깨도 스르륵 긴장이 풀려 말랑해졌다. 달콤한 잠도 함께 옮겨졌다. 그 속엔 포근한 할머니 사랑도 있었다. 그 뒤로 할머니는 잠잘 때마다 내 발을 먼저 체크하셨다. 그리고는 차가운 내 발을 감싸고 따듯하게 해 주셨다. 나는 겨우내 매일 매일 할머니가 옮겨 준 사랑과 함께 따스한 온기를 닮은 사람으로 한 뼘씩 자라고 있었다. 그때 그 기분 좋음은 아직도 내 가슴에 따뜻하게 자리 잡고 있다.

그렇게 따뜻했던 세월이 흘렀다. 그 조그맣던 나는 어느덧 두 아이의 엄마가 되었다. 흐르는 세월에 장사 없다고 그동안 정말 많은 것들이 변했다. 그런데 말이다. 아직도 변하지 않은 것이 하나 있다. 그렇다. 여전히 나는 겨울만 되면 두 발을 열심히 비벼대고 있다. 이제는 그 백 년 묵은 심술쟁이 웃풍이 방안을 돌아다니며 차가운 바람을 일으키는 것도 아닌데 말이다. 칼날처럼 예리한 겨울바람을 막기 위해 무거운 솜이불을 방패 삼아 덮어야 하는 것도 아닌데 말이다. 아직도 습관처럼 차가운 두 발을 비벼대며 연신 열을 내고 있으니 우습기도 하다. 그날도 무의식적으로 할머니의 그 포근했던 사랑을 소환이라도 할 것처럼 꼼지락거리며 두 발을 비벼대고 있었다. 그런데 그 순간 옆에서 쓱 하고 조그맣고 따뜻한 발이 다가와 내 발을 감싸는 것이 아닌가! 나는 순간 화들짝 놀랐다. 그리고 얼음이 되었다.

"읔!!!"

순간 놀란 나는 할머니가 내 발을 감쌌던 기억이 겹치면서 온몸으로 전율이 번개처럼 짜릿하게 스쳐 갔다.

"읔! 엄마! 엄마 발이 왜 이렇게 차요?"

"어, 어……. 엄마가 원래 어릴 때부터 손이랑 발이 좀 차가 왔어."

"아~그래요. 엄마? 엄마! 엄마! 그럼 내가 따뜻하게 해 줄게요!"

"아니야~너 발 차가워져. 괜찮아, 엄마는……."

"아니에요. 엄마! 나는 괜찮아요. 시원해요. 나는 몸에 열이 많잖아요!"

"아이구야! 고마워, 하언아!"

"이히히히~응, 엄마!"

나는 이 상황이 놀랍기도 하면서 너무 신기했다. 마치 딸아이 몸속에 할머니의 영혼이 있는 것이 아닌가 하는 생각이 들 정도로 말이다. 보통 다른 사람들도 이렇게 발로 발을 감싸면서 체온을 전달하는지는 모르겠다. 나는 지금껏 나와 할머니만의 특별한 경험이라고만 생각했다. 나와 할머니만이 알고 있는 비밀 같은 것 말이다. 그래서 더 깜짝 놀랐던 것 같다. 생각지도 않게 딸아이에게서 똑같은 경험을 받는다는 것이 정말 믿어지지 않기도 했지만, 기분도 이상했다. 도대체 이게 뭔가 싶은 생각에 잠시 멍해졌다.

"있잖아! 하언아, 엄마는 지금 진짜 너무 신기한 경험을 했다!"

"응? 뭐가요. 엄마?"

"옛날에 엄마가 어렸을 때는 엄마 할머니가 따뜻한 발로 엄마 발을 감싸주셨거든. 그런데 지금 우리 하언이가 엄마 발을 감싸주는 거야. 엄마는 지금 너무 놀랍기도 하고 진짜 신기해. 그런데 기분은 진짜 좋다."

"진짜?"

"응! 진짜루! 신기하지? 그리고 보면 엄마는 정말 행복한 사람인 것 같아. 그치?"

엄마가 되어있는 오늘 나는 어릴 적 할머니로부터 시작된 사랑을 어린 딸에게서 따뜻한 체온으로 받았다. 마치 그때로 돌아간 것처럼 스르륵 달콤한 잠도 함께 받았다. 좋은 기분과 함께 잠이 들려는 찰나 갑자기 옆에 누워있던 딸이 일어났다.

"아! 엄마 잠깐만요!"

딸이 갑자기 일어나더니 내가 잘 때 신으라고 사 주었던 분홍색 수면 양말을 찾아왔다. 그리고는 내 양쪽 발에 폭폭 씌워주기 시작하는 것이 아닌가! 그러더니 자기 발로 내 발을 다시 한번 감쌌다. 아! 이 감동을 어찌하란 말인가! 마음 같아선 오뚝이처럼 벌떡 일어나 엉덩이춤이라도 신나게 추고 싶은 심정이었으나 뜨끈한 방바닥이 나를 꽉 잡고 놓지 않는 통에 마음으로만 추고 말았다. 지금 생각해 보면 딸 앞에서 엄마의 행복한 엉덩이춤을 보여줬어야 했는데 아쉽다. 나는 그날 정말 행복하고 감사했다. 할머니가 내 차가운 발을 감싸주었을 때 느꼈던 따뜻한 보살핌과 사랑을 또 다른 특별한 모양과 감동으로 딸에게서 받고 있지 아니한가! 엄마가 된 지금의 나는 여전히 사랑받고 있었다. 어린 딸의 귀엽고 아기자기한 사랑과 감동을 통해 한층 성숙한 엄마로 한 뼘씩 또 성장 중이다. 할머니로부터 시작된 대물림 사랑이 참 고맙다. 따뜻하고 긍정적인 접촉을 통한 사랑의 릴레이는 건강하고 안정적인 행복감을 부르는 진리가 아닌가! 앞서 언급했던 엄마와 자녀 간의 애착 형성의 비밀을 새롭게 발견한 할로 박사의 붉은 원숭이 실험으로도 알 수 있듯이 누군가로부터 주어지는 지속적이고 따뜻한 긍정적인 접촉은 한 사람의 인생 태도를 결정할 만큼의 강력한 힘을 갖는다. 긍정적인 접촉은 심리와 정서를 안정시키는 것뿐 아니라 뇌 건강과 발달에도 큰 영향을 미친다. 우리가 이 세상에 태어나는 순간 만나게 되는 첫 대상은 엄마다. 엄마와의 긍정적인 상호작용에 따라 우리가 자신을 바라보는 관점, 타인을 바라보는 관점, 그리고 세상을 바라보는 관점이 달라진다. 긍정적인 교류와 접촉이 긍정적인 인생 태도를 만든다. 인생 태도는 자신의 인생을 연출하는 각본과 같은 역할을 한다. 자신의 인생을 드라마나 영화로 비유할 때 어떤 내용의 대본이냐에 따라 엄청난 차이를 보이는 인생이 만들어지는 것이다. 따라서 인생 초반에 형성되어 장착된 인생 태도는 매우 중요하다.

교류 분석의 창시자인 에릭 번이 말한 인생 태도는 인생 초기 부모와의 관계를 통해 만들어진다. 인생 초반이라 하면 보통 태어나서 학교에 들어가기 전의 연령대를 말한다. 그렇다는 것은 한 사람의 인생은 인생 태도가 형성되는 인생 초반에 결정된다는 의미이기도 하다. 우리가 너무 잘 아는 정신분석학자 지크문트 프로이트도 인생 초반이 한 사람의 인생을 결정한다는 결정론적 이론을 펼쳤다. 이것만 봐도 알 수 있듯이 우리가 태어나 성장해 나가는 과정에서 인생 초반의 경험은 매우 중요하다고 할 수 있다. 그렇다면 그 이후로는 중요하지 않다는 것인가? 그렇지 않다. 사람은 태어나면서부터 여러 단계의 과정을 거쳐 성장하게 되고 단계마다 독특한 특징을 지닌다. 건강한 성장을 위한 발달적 특징은 분명히 존재하고 그것에 맞춰 성취해야 하는 과업도 있다. 그러니 어떤 한 단계만이 아니라 전 생애적으로 중요하다고 할 수 있다. 지크문트 프로이트나 에릭 번의 이론처럼 인생 초반의 경험이 한 사람의 인생을 좌우할 만큼 중요한 시기라고 했을 때 우리는 과연 그 기간을 그 시절을 잘 지내왔을까를 생각해보지 않을 수 없다. 자신에게 긍정적 접촉을 해 준 대상이 있었는지 말이다. 언젠가 태어나자마자 부모와 헤어져 베이비박스에 남겨진 아기들의 사연들을 본 적이 있다. 그곳은 내가 잠깐 봉사했던 곳이기도 해서 매우 익숙한 장소였다. 그러나 그때와는 달리 새롭게 달라진 것이 있었는데 그것이 바로 베이비박스였다. 베이비박스를 보는 순간 다행이라는 생각과 함께 부모와 헤어질 수밖에 없는 안타까운 사연들로 인해 마음이 아프기도 했다. 베이비박스가 아기를 버리는 곳이 아니라 살리는 곳이라는 말에 깊은 감동을 받았다. 부모와 어쩔 수 없이 헤어지게 되는 많은 아기는 안타깝게도 시설에서 자라게 된다. 그러나 관점을 달리해 보면 마냥 안타까워할 일도 아니다. 아기에게 부모가 안전지대가 되어주지 못하는 최악의 상황이라면 이렇게라도 살릴 수 있다는 것이 다행한 일이지 않나! 그렇게 생존의 갈림길에서 어렵게 찾아온 아기들이 시설의 열악한 상황으로 인해 누군가에게 오래 안길 수 없는 현실 또한 안타까운 일이지만 말이다.

이와 비슷한 경우로 전쟁고아들을 보호했던 기관도 마찬가지였다고 한다. 그러니 태어날 때부터 엄마와 헤어지는 아기들만의 이야기는 아니다. 사실 부모와 함께 살아도 여러 가지 상황으로 인해 따뜻하고 긍정적인 접촉을 받지 못하고 자라는 아이들도 있다. 부부관계가 좋지 않아 그 스트레스로 인해 주 양육자인 엄마가 아이를 온전히 양육할 수 없는 경우도 적지 않다. 긍정적인 접촉에 대한 경험이 없는 부모여서도 그럴 수 있다. 너무 바쁜 탓에 아이와의 시간을 가지지 못해서 그럴 수도 있다. 다양한 이유가 있을 것이다.

당신은 어떠했는가? 당신이 기억할 수 있는 제일 어린 시절까지 떠올려 보라. 누구로부터 긍정적인 접촉을 받았는가? 나의 기억을 더듬어 보면 글쎄다……. 딱히 기억에 남을 만큼의 따뜻한 기억이 없는 것 같다. 부모님의 갈등 관계에서 생기는 여러 가지 스트레스로 인해 아마도 자식에게 온전히 마음을 쓸 수 있는 여유가 없지 않았을까 한다. 어찌 보면 행복했던 환경이 아니었다는 것에 씁쓸하기도 하다. 이 부분만 놓고 보면 말이다. 이후 부모님은 헤어지셨고 나는 할머니의 손에서 자라게 되었다. 내가 누차 말하고 있지만 내 인생에 있어 할머니의 등장은 신의 한 수였다. 내가 이렇게 말하는 것은 비단, 할머니를 신격화한다거나 이상화하려는 것이 아니다. 다만 할머니를 통해 따뜻함을 경험할 수 있었던 것도 사랑이 무엇이고 자기희생이 무엇인지 깨달을 수 있었던 것도 그분의 삶 자체가 그랬기 때문이라는 것을 말하고 싶었을 뿐이다. 나는 어릴 때부터 그 모습을 직접 봐 왔기에 누구보다 잘 알 수 있다. 할머니가 주었던 사랑의 방식은 젊은 엄마들이 주는 사랑의 방식에 비해 세련되지는 못했다. 투박하고 소박했다. 그러나 항상 진심이었다. 나는 할머니 덕분에 새로운 환경에 적응할 수 있었고 마음의 안정을 가질 수 있었다. 부모가 언제 헤어졌는지 그 시기는 중요하다. 왜냐하면 성장하고 있는 자녀의 연령대별로 부모의 이혼을 받아들이는 정도와 양상이 달라지기 때문이다. 미성년자의 자녀들을 가진 부모의 이혼율이 높다는 것은 참 안타깝고 마음이 아픈 일이다. 그러나 어떤 이유에서건 부모가 자녀를 키우는 데 충분히 집중할 수 없고 안전하지 않은 상황이라면 그에 대체할 수 있는 존재나 새로운 환경은 꼭 필요하다. 이 부분은 당신도 충분히 공감하리라 생각한다. 그러니 꼭 부모이어야 되고 우리 가정이라야 된다는 생각은 내려놓았으면 좋겠다. 그것은 건강한 부모일 때 안전이 보장된 가정일 때 해당하는 말이기 때문이다. 물론 이혼한 부모가 다 건강하지 못하다거나 건강한 가정이 아니라는 것은 아니다.

그러나 건강한 관계나 가정이 아닐 때 이혼 위기로 가정이 깨질 확률이 높아진다는 것은 우리가 부정할 수 없는 사실이다. 부모의 기능과 안전하고 건강한 가정의 기능을 이미 상실했다면 그것이 회복 불능 상태라면 이에 대체할 만한 사람과 환경은 꼭 필요하다. 자녀의 건강한 성장에 필요한 것들을 제공할 수 있는 건강하고 따뜻한 어른과 환경이면 된다. 나는 그것이 할머니라는 대상이었고 지금도 감사한 부분이다. 만약 기능을 완전히 상실한 부모를 대체할 어른이 없다면 우린 과연 절망해야 할까? 한 사람의 인생을 좌지우지할 만큼 중요하다는 생애 초반 좋은 환경에서 자라지 못했다면 우린 좌절할 수밖에 없는가? 아니다! 내가 나에게 긍정적 접촉을 해 주면 된다. 이제 우리는 나를 책임지고 보살피고 나를 사랑해 줄 수 있는 힘을 가진 성인이 되었다. 따라서 이제라도 내가 나에게 긍정적인 접촉을 해 주면 된다. 처음에는 익숙하지 않아서 어색하고 민망할 수도 있을 것이다. 나도 그랬다. 자신에게 중요한 사람으로부터 긍정적인 접촉을 받는 것도 힘이 있지만 내가 나에게 해 줄 때 더욱 강력해진다. 따뜻하고 긍정적인 접촉에는 앞서 언급했듯이 여러 종류가 있다. 눈 마주치기, 경청하기, 이름 불러주기, 보상해 주기, 무시하지 않기, 과잉 기대 안 하기 등 다양하다. 지금껏 제일 가까이서 항상 나와 동행하며 변함없이 내 편이 되어주는 나에게 말해주길 바란다. 자신의 이름을 넣어서 해 주면 더욱 좋다.

'고마워!', '대견하다!', '애쓰는 거 알고 있어.', '잘하고 있어.', '난 너를 믿어.', '항상 너와 함께한다는 것 잊지 마!', '나는 너를 언제나 응원하고 있어.', '살아줘서 고마워.', '견뎌줘서 고마워.'라고 자신이 그동안 꼭 듣고 싶었던 말을 해 주어라. 어색하고 쑥스러운가? 사실 우리에겐 자신에게 칭찬해 준다거나 믿음을 갖는다거나 진심으로 애정을 표하는 등의 긍정적인 표현을 하는 것에 익숙하지 않다. 당연하다. 지금껏 자신을 사랑하는 방법이나 믿어주는 방법, 감사하는 방법을 누가 가르쳐 주지도 않았고 배운 적도 없었기 때문이다. 그래서 내가 나를 가슴으로 뜨겁게 긍정하고 사랑한다는 것이 어떤 것인지 감이 오지 않는 것이다. 그러니 괜찮다. 어색함은 금세 사라질 것이다. 그리고 자연스러워질 것이다. 자신에게 집중하기 시작하면 당신은 감동에 북받쳐 눈물이 날 것이다. 그러니 시도해 보길 바란다. 이젠 내가 나에게 꼭 필요한 것을 채워 줄 차례이다. 생각이 날 때마다 힘들 때마다 거울 앞에 서 보아라. 그리고 자신을 긍정하라.

제일 좋은 것은 언제나 내게로 왔다

연로하신 할머니께서 서울에 사는 자식과 손녀들을 보기 위해 서울로 올라오셨을 때였다. 그 당시 나는 막내 작은아버지의 도움으로 같은 동네 근처에 집을 얻어 동생들과 함께 자취를 하고 있었다. 직장생활뿐만 아니라 교회에 다니며 신앙생활도 성실히 하는 등 나는 서울살이에 잘 적응하고 있었다. 할머니는 막내아들의 집도 보시고 손녀들이 사는 집도 볼 겸 해서 겸사겸사 올라오신 것이다. 연세가 많으셔서 몸이 거동하시기에 불편하셨기 때문에 이동하는 것이 걱정되긴 했지만, 할머니를 뵐 수 있다는 것에 그 누구보다도 가슴이 설레었다.

"할무니이이잉~~~"

나는 너무 반가워서 단숨에 뛰어가 할머니를 얼씨구나 끌어안았다. 여전히 얼굴에 뽀뽀 세례를 퍼부으며 온몸으로 반가움을 표현하며 야단법

석 난리였다.

"우움~~쪽쪽~~쪽~~우움~~~쪽쪽~쪽~"

"아이구야~그려 그려~잘 있었냐?"

"응! 그럼요, 할머니. 올라오는데 많이 힘들었죠?"

"아니여~차 타고 오는디 뭐~괜찮았어."

나를 본 할머니의 얼굴에는 반가움으로 웃음꽃이 만개했다. 할머니는 며칠 동안 막내 작은아버지 댁에서 지내시기로 하셨다. 그리고 작은아버지 댁 근처 가까이에서 사는 우리 자취 집에도 찾아오셨다. 손녀들이 제대로 먹고는 사는지 걱정도 되고 궁금한 마음에 찾아오신 것이다. 할머니는 집에 오자마자 냉장고 문부터 열어보셨다. 그리고 냉동고 문을 열어보시더니 한참을 바라보며 서 계셨다. 냉동고에는 얼려놓은 고기들로 가득차 있었다. 모두 할머니가 챙겨주셨던 것들이었다. 뭐 아는 사람은 알겠지만, 냉동고에 한 번 들어간 음식 재료들은 요리를 위해 꺼내는 것이 도통 힘든 일이 아닐 수 없다. 돌처럼 얼어붙은 재료들을 요리하기 위해 녹여야 하는 절차가 더 있어서 시간도 걸리고 번거롭기 때문이다. 주중에는 일에 지쳐있고 주말에는 그동안 쉬지 못했던 것을 쉬거나 교회 생활로 바빴기 때문에 밖에서 해결하는 경우가 더 많았다. 할머니는 냉동고 속 고기들을 이리저리 살피셨다. 그러더니 한숨을 크게 연거푸 쉬셨다.

"하이고오~~~ 이걸 먹지도 않고 이렇게 얼려만 났네……. 시상이~이 좋은 것을 왜 안 먹고 이렇게 해 났다. 참말로……. 얼른 먹어서 치워야지! 좋은 것을 줘도 안 먹고서는 이렇게 해 났네. 허이구! 속상혀라~참말로! 음식 같은 것도 잘해서 먹으야지."

할머니가 언짢은 목소리로 말씀하셨다. 그렇게 화를 내시는 것은 정말 여태껏 처음이었다. 나는 처음 보는 할머니의 모습에 당황하기도 했지만 죄송한 마음이 더 컸기 때문에 찍소리도 못하고 조용히 옆에 서 있었다. 명절 때마다 들어오는 고기 중에 제일 좋은 부위만을 골라 손녀들 먹으라고 챙겨주셨던 것인데 그것이 먹지도 않은 상태로 냉동고에 고스란히 쟁여져 있었던 것이다. 게다가 색깔까지 변한 상태로 꽁꽁 얼음이 되어 있었으니 참으로 할머니의 입장에서는 속상하고 기가 찰 일이었다.

"그게……. 그게 할머니~저희가 너무 바빠서 해 먹을 시간이 없었어요."

"아무리 그래도 그렇지, 시상이나~~워떡케 이렇게도 안 해 먹고 산다냐! 뭐라도 해 먹고 사려야지 그렇게 부실하게 먹으면 어떡헌댜아~~시상이~하이고~~~"

한숨 소리가 길어졌다. 그 옆에 꼼짝없이 돌처럼 서 있던 나는 정말 죄송해서 죽는 줄 알았다. 그리 넉넉한 형편이 아니었기 때문에 명절에 들어오는 소고기나 돼지고기는 정말 귀한 것이었다. 이해가 안 되는 사람도 있겠지만 형편이 좋지 않았던 우리 집 입장에서는 더욱 그랬다. 할머니는 늘 손녀들이 자신보다 먼저였다. 입을 것도 먹을 것도 그 어떤 것도 할머니는 자신보다 손녀들이 먼저인 분이었다. 그것을 누구보다도 잘 알았기에 할머니 맘이 얼마나 속상했을지가 뼛속까지 느껴졌던 순간이었다.

"죄송해요. 할머니~~잘 챙겨 먹을게요."

할머니는 너무 속상하고 화가 난 나머지 더 머물지 않으셨다. 다시 작은아버지 댁으로 가겠다고 하셔서 모셔다드려야만 했다. 손녀들이 궁금하기도 하고 보고 싶기도 해서 거동이 불편하심에도 불구하고 큰맘 먹고 서울까지 올라오셨던 것인데 좋은 모습을 보여드리지 못한 것이 너무나 속상했다. 더구나 자취 집에 찾아오셨을 때 제대로 된 음식을 대접해 드리지 못했던 것이 지금까지도 내 가슴엔 아픔으로 남아있다. 늘 잘 챙겨 먹어야 한다며 다 큰 손녀들의 건강을 항상 생각해 주셨던 할머니였다. 그것이 할머니의 처음이자 마지막 행차였다. 자손들의 삶을 두루 살펴보시는 것을 당신의 마지막 일정으로 정한 것이었다.

할머니는 그렇게 마지막 여정을 마무리하시고 내가 일본에 간 지 3개월 만에 하늘로 멀리 떠나셨다. 많은 세월이 흐른 지금도 잘 챙겨 먹지 않는다고 꾸지람하셨던 그날의 할머니 목소리가 아직도 사무치게 그립다. 당신은 당신에게 화를 내는 그 사람이 한없이 고맙게 느껴지면서 진심으로 사랑받고 있다는 기분에 설레어 봤던 경험이 있는가? 반대로 상대방으로부터 칭찬의 말과 값비싼 선물을 받고 있음에도 불구하고 왠지 모르게 마음이 불편하고 묘하게 무시당하고 있다는 느낌에 은근히 기분이 상했던 경험이 있는가? 나는 둘 다 경험해 봤다. 그것은 진심이냐 아니냐의 차이였다. 정말 이 사람이 나를 진심으로 아끼고 존중하고 사랑하는지에 대한 차이였다. 당신도 직감적으로 알 수 있을 것이다. 거짓을 진심인 듯 흉내는 낼 수 있어도 완벽하게 포장할 수는 없기 때문이다. 진짜 사랑하고 아끼기 때문에 더 안타깝고 속상하고 화가 나기도 한다. 얼핏 이해가 안 되는 것 같은데 이해가 된다. 사랑의 반대개념이 무관심이라서 그럴 수도 있겠다. 할머니는 나에게 늘 좋은 것만을 주고자 했다. 그 덕분에 나에겐 제일 좋은 것들이 왔다. 할머니와 함께 있으면 나는 소중한 사람이 될 수 있었고 사랑받는 행복한 사람이 될 수 있었다. 지금 내 앞에 당신도 그러하다.

제2장

자신을 지키는 것

먼저 자신에게 진정한 예우를 갖춰라!

함부로 대하는 것으로부터 자신을 보호하라! 지켜라!

당신은 얼마나 당신에게 예의를 갖추고 있는가? 얼마나 예의를 갖춰 정중히 대접하고 있는가? 당신은 당신을 만만하게 보며 공격하는 사람들로부터 지켜내고 있는가? 당신을 함부로 대하는 사람들로부터 자신을 보호하고 있는가? 혹여 무책임하게 버려두고 있지는 않은가? 미련하게 참아내고 있지는 않은가? 안타깝게도 나는 나에게 예우를 갖추지 못했다. 원만한 대인관계를 위해 희생은 당연하다 생각했다. 타인의 공격에도 나는 나를 지켜주지 못했다. 아니 지켜내지 못했다. 그래서 많이 아팠고 그 아픔조차 참아내야 했다. 그들에게 있어 나는 이혼가정의 자녀라는 딱지를 가진 한낱 보잘것없고 하찮은 존재였다. 부모가 이혼한 것은 분명 내 잘못이 아니었다. 나로 인해 부모가 헤어진 것도 아니었다. 그러니 나에게 책임이 있는 것도 아니었다. 애초부터 그 무거운 책임을 질 필요가 없었다. 그러나 이혼한 부모의 영향은 내 삶의 일정 부분에 강력한 영향을 주기 시작했다. 때론 이혼한 부모조차도 나를 자신의 감정 쓰레기통으로 쓰는 경우가 있었으니 말이다. 이혼의 힘든 감정이 해결되지 않은 채 자신보다 약한 대상인 자녀에게 쏟아내는 경우가 바로 이런 것이다. 엄격하게 양육해야 한다는 이유로 조절되지 못한 화를 당연시하고 해결되지 않은 자신의 불안을 자녀를 통제하는 것에 쓰기도 한다. 혹여 세상은 당신과 나에게 이혼가정의 자녀처럼 살라고 강요할 수 있다. 한쪽 부모가 없어 보호받지 못하고 방치된 존재로, 결핍이 많은 연약한 존재로, 우울하고 어두운 존재로, 모든 문제의 근원이 되는 존재로, 정신적으로 연약한 병적인 존재 등 여러 가지 부정적인 모습으로 말이다. 결코 피해의식으로 똘똘 뭉쳐서 하는 이야기가 아니다. 내가 직접 겪어보니 그렇더라. 그래서 당신도 충분히 겪을 수 있는 일이라 생각했다. 아니라면 정말 다행이고 감사한 일이다.

나는 이러한 편견들로부터 파생되는 부정적 경험을 통한 아픔이 얼마나 고통스러운지 10년 넘는 세월을 경험했다. 때론 이런 내 고통을 주변에서조차 알아주지 않는다고 원망하기도 했다. 하지만 깨닫게 되었다. 내가 나를 보호하지 않아 그 아픔과 고통이 찾아왔다는 것을 말이다. 대인관계에 있어서 나를 보호하기 위한 나만의 고유영역을 정하고 지켜내는 일은 매우 중요한 일이다. 하물며 그것이 가장 가깝다는 부부 사이라 할지라도 말이다. 과도하게 자신을 낮추지 말아라. 그것이 겸손의 형태를 취하고 있다고 할지라도 과도한 것은 건강하지 못하다. 자신의 낮은 자존감을 자세를 낮추어 겸손함으로 포장할 수도 있다는 말이다. 과도한 친절과 겸손은 오히려 그것을 권리로 아는 최악의 사람들을 우리 곁으로 끌어당기는 결과만 낳을 뿐이다. 우리는 우리 자신을 견고히 지키고 보호해야 한다. 그것이 자신에 대한 예우이다. 과도한 희생도 금물이다. 단지 이혼가정의 자녀라는 이유만으로 당하는 부당한 대우나 인신공격에도 참지 않아야 한다. 뒤끝이 없다며 깔끔한 척 무례하게 굴면서 선을 넘는 사람들에게 친절을 베풀지 마라. 우리의 친절은 그들에겐 가치가 없다. 적어도 그 가치를 알아주거나 필요한 사람들에게 친절을 베풀어야 하지 않겠는가!

　당신에게 함부로 대하는 사람이 있다면 눈을 쳐다보며 똑똑히 그리고 분명하게 말해라! "지금 방금 선을 넘으셨네요."라고 말이다. 쓰레기 같은 사람들까지 우리 곁에 붙잡고 있어야 할 이유는 없다. 사람들이 당신을 떠날까 두려워하지 마라. 인정받거나 사랑받지 못할까 불안해하지도 마라. 당신의 가치를 아는 사람들은 반드시 당신 곁에 있을 것이다. 그러니 자신을 하찮게 여겨서도 안 되며 함부로 하도록 내버려 두어서도 안 된다. 우리는 하찮은 존재로 태어나지도 않았고 남들이 함부로 대해도 괜찮도록 키워지지도 자라지도 않았다. 우리가 그 어떤 상황이나 환경에 노출되어 있든 어떤 경험을 했든 상관없이 우리는 소중한 존재들이다. 따라서 자신을 보호하는 고유의 영역을 지키기 위한 경계선은 반드시 세워야 하고 지켜야 한다. 이것은 내가 소중한 나에게 최소한의 예우를 갖추는 방법이며 선택이 아닌 필수다.

나는 당신의 감정 쓰레기통이 아니에요

나는 그날도 돌덩이같이 무거운 가방을 어깨에 메고 집으로 돌아왔다. 너무 지쳐서 금방이라도 방에 들어가 쓰러져 눕고 싶었다. 집에 들어서니 조용했다.

"다녀왔습니다."

나는 평소처럼 학교에 다녀왔노라고 인사를 하면서 터덜터덜 무거운 발걸음을 옮겼다.

"너 모기약 사 왔냐?"

아빠의 목소리였다. 안방에 계셨던 모양이었다.

"앗! 아빠 깜빡하고 못 사 왔어요."

평소 잘 잊어버리지 않던 나였으나 그날은 새까맣게 아빠의 심부름을 잊고 있었다.

"이 놈의 자씩이! 아빠가 아침에 학교 갈 때 모기약 사 오라고 그렇게 몇 번을 얘기했는데 잊어버리고 와? 어? 이 놈의 자식!! 지금 당장 사와!!!"

갑자기 불같이 화를 내는 아빠의 목소리는 가슴을 철렁 내려앉게 만들었다.

'헐! 이런 어떡하지……'

순간 심장이 쪼그라들었다. 그때서야 나는 아빠가 아침에 신신당부했던 심부름이 생각났다. 아빠는 아침에 부탁한 모기약을 사 오지 않았다는 이유로 이상하리만큼 맹렬히 화를 내셨다. 그 불호령에 나는 아무 말도 하지 못하고 가방을 멘 채로 마당에서 얼음이 되었다. 아빠의 화는 좀처럼 누그러들지 않았다. 꼼짝도 못 하고 서 있던 나는 슬슬 화가 나기 시작했다. 모기약이 뭐 그렇게 대수라고 딸이 학교에서 오자마자 저리도 화를 내는지 정말 이해할 수 없었다. 딱히 어른들을 걱정시킨다든지 크게 문제를 일으켜 입장을 난처하게 만든다든지 하는 일 없이 무난히 사춘기를 보내고 있었던 나였지만 그날만큼은 아니었다. 학교에서 늦게까지 공부하고 오느라 지쳐있는 딸을 토닥토닥 격려해 주기는커녕 심부름을 제대로 하지 않았다는 이유로 화를 내는 것에 어이가 없었기 때문이다. 어둑어둑 어둠이 내려앉기 시작하는데 당장 사 오라고 소리치는 아빠의 말에 분노의 불씨가 당겨졌다. 나는 그대로 가방을 마루에 던져버리고 밖으로 나가 버렸다. 해가 떨어져 어두워졌다. 어느새 그 어둠은 슬픈 분노에 휩싸인 내 발등까지 무겁게 내려앉았다. 한참을 울면서 터벅터벅 걸어 나갔다. 무섭지 않았다. 시골 밤의 무서움보다 아빠에 대한 서운함이 더 컸기 때문이다. 엉엉 소리 내어 울고 또 울었다. 그렇게 울면서 걷고 또 걸었다. 드디어 큰 길이 나왔다. 어느새 환한 달빛이 내 머리 위로 쏟아져 어두운 밤길을 환하게 비춰주고 있었다. 그때 조금 정신이 나서였는지 살짝 무서움이 엄습해오는 것을 느꼈다. 하지만 그것도 이겨낼 수 있었다. 스멀스멀 스며드는 무서움과 어수룩한 어둠을 이겨내며 나는 열심히 씩씩하게 걷고 또 걸었다.

'제발 가게 문이 열려있어야 하는데……. 하나님, 도와주세요. 문이 열려있게 해주세요!'

내 간절한 기도가 통했는지 저기 멀리 초등학교 앞 구멍가게에서 희미한 작은 불빛들이 새어 나왔다. 나는 그 불빛들을 발견하자마자 정신없이 뛰었다. 모기약을 사기 위해 한 시간 가까이 어둑한 밤길을 걸어 초등학교 앞 작은 구멍가게까지 찾아온 것이다. 불빛이 너무 반갑고 기뻐서 얼른 들어가 주인을 부르고 모기약을 샀다. 안도의 한숨을 돌린 후 올 때보다는 그나마 가벼운 기분으로 다시 집으로 향할 수 있었다. 그렇게 환한 달빛을 친구 삼아 다시 한 시간 남짓 걸려 집에 도착했다. 그리고 보란 듯이 마루에 모기약을 탁! 하고 큰소리가 나게 놓으며 말했다.

"아빠가 시킨 모기약 사 왔어요!"

나는 짧고 단호한 말투로 말하고 방으로 휙 들어가 버렸다. 그런데 불같이 화를 내시던 아빠가 조용했다. 어쩌면 별것 아닌 일로 딸에게 불같이 화를 냈던 것이 못내 미안했던 것일 수도 있겠다. 나는 옷을 갈아입은 후 지쳐서 잠시 누웠다. 그때 마당 쪽에서 할머니 목소리가 들렸다.

"영순아~~~영순이 들어왔니? 영순아~~~시상이나~~~내 새끼 어디로 갔다아~~!"

나는 다급한 할머니 목소리에 깜짝 놀라서 밖으로 튀어 나갔다.

"할머니이!"

"하이고~~시상이나 은제 들어 왔댜아~~이제껏 너를 을마나 찾으러 다녔간디~~너 나가고서는 큰 아빠한티 전화혀가꼬 큰일 났다고 니가 나갔다고 혀서 큰 아빠랑 여기저기 을마나 찾으러 다녔는지 아냐? 시상 이~잘못되믄 어쩌나혀서 마음이 을마나 걱정이 됐는지 몰라! 하이고오 ~~아직도 그냥 심장이 벌렁 거려싸서 죽 껐네 아주~~. 시상이~어디를 혼자서 그러케 다녀왔댜?"

"모기약 사러……아빠가 모기약 사 오라고 해서 다녀왔죠."

"이? 아니! 모기약을 사 갔고 왔어? 하이고~~시상이나~~이게 뭔일이 랴아~그 빌어먹을 모기약이 뭐 그렇게 중요혀가꼬 학교 갔다 온 애를 밥 도 못 먹게. 이? 으떠케 그렇게 그거슬 끝까지 사갔고 오게 만든다냐~참 말로 속 터져 죽 껐네! 어째 니 아빠는 맘고생을 그렇게도 시킨다냐! 참 말로옷! 속상혀 죽 껐네!"

할머니는 화가 많이 나셔서 큰소리로 방에 있는 아빠를 향해 호통을 치 셨고 그에 반해 아빠는 아무런 소리도 내지 못한 채 조용했다. 나는 뭔가 통쾌한 느낌이었다. 왜냐하면 할머니가 나의 속상하고 힘들었던 마음을 몽땅 읽어주셨고 오롯이 내 편이 되어 주셨기 때문이다.

"할무니이~~히잉~~~"

기분이 한결 좋아진 나는 애교를 잔뜩 섞어 나 때문에 많이 놀라고 걱 정하셨을 할머니를 꼭 안아드렸다.

"시상이~ 언넝 밥 먹어라!"

할머니는 내가 가출을 한 것으로 생각했던 것이다. 놀라고 급한 마음에 근처 큰아버지께 도움을 청하고 어린 동생들과 함께 나를 찾아서 온 동네를 돌아다니셨다고 한다. 얼마나 놀라셨을까를 생각하니 그때 할머니의 모습이 짠하게 느껴졌고 죄송스러운 마음이 한가득 밀려왔다. 그랬다. 아빠는 나를 엄하게 키우셨다. 혹시나 엄마 없이 자라는 내가 잘못된 길로 빠지게 될까 하는 불안감을 가지고 있었다. 게다가 욱하는 성격과 이혼으로 인해 아직 해결되지 못한 부정적인 감정을 잘 처리하지 못해 집안 분위기를 싸늘하게 하는 경우도 왕왕 있었다. 나는 그런 아빠가 싫었다. 자신의 감정대로 주변 분위기를 쥐락펴락하며 긴장하게 만드는 아빠가 이기적이라고 생각했다. 그리고 무서웠다. 때론 그냥 아빠가 없었으면 했다. 차라리 아빠와 떨어져 있었을 때가 오히려 더 낫다고 생각했다. 8살, 학교 공부를 막 시작했던 나에게 우리나라 지도가 어떻게 생겼는지 직접 그림을 그려가며 가르쳐주시던 친절하고 자상한 아빠는 이미 기억 속에서 희미해져 가고 있었다. 학교 수업이 끝나고 돌아온 나에게 김치라면을 손수 맛있게 끓여주셨던 다정다감한 아빠도 찾아보기가 힘들어졌다. 감정 기복이 심해 언제 활화산처럼 불을 뿜어댈지 모르는 아빠의 모습에 매번 긴장하며 눈치를 봐야 했기 때문이다. 말 그대로 아빠의 눈에 거슬리지 않아야 했다.

많은 세월이 지나고 어린 딸들이 어엿한 성인이 된 지금 다행히 그 당시 엄격하고 무섭게 대하며 욱하고 감정조절 하지 못했던 당신의 모습을 되돌아보시고 미안하다고 사과도 하셨다. 행여 딸이 엄마 없이 커서 저렇다는 소리를 듣지 않도록 하기 위해 직업군인 출신 아빠가 선택한 유일한 양육방식이었던 셈이다. 지금은 이해한다. 충분히 이해한다. 다양한 부모교육의 기회가 있어 아빠들의 자녀양육에 참여가 늘고 있는 요즘과는 달리 그 시절에 아빠는 부모교육을 받은 적도 없었으며 그렇다고 엄마와 함께 육아에 동참해 우리를 키웠던 경험도 없었기 때문에 이혼과 함께 갑자기 코앞에 닥친 자녀의 양육과 교육에 막막함을 느꼈을 것이다. 초등학생 때는 그나마 할머니가 키워주셨고 그 이후에도 할머니가 전폭적으로 키우셨지만 말 그대로 아빠는 자식을 키우는 것에 뚜렷한 기준이 없었다. 그냥 직업군인 출신답게 군대 특유의 엄격한 명령과 복종체계를 그대로 딸들에게 적용한 것일 뿐이었다. 그것은 당시 아빠가 선택할 수 있었던 최선의 방법이었고 유일한 방법이었다. 이혼한 모든 부모가 그렇지는 않을 것이다. 그러나 이혼이라는 인생의 큰 이슈를 경험하면서 받는 스트레스를 제대로 해결하지 못하는 경우는 생각보다 흔하다. 그 스트레스는 여러 가지 형태로 변형이 되어 힘이 약한 약자 즉, 자녀에게 흘러가는 경우가 많다. 그렇다 보니 어린 자녀들은 부모로부터 흘러 들어오는 부정적인 감정이나 에너지를 원하지 않아도 받게 된다. 그 영향력은 자녀가 어릴수록 커질 수밖에 없다. 어린 자녀일수록 자신이 원하지 않는 상황이나 환경에 맞서서 대응하거나 해결할 수 있는 힘이 약하기 때문이다. 그런 이유로 자녀 역시 한쪽 부모와의 이별로 인해 아픔을 겪고 있음에도 불구하고 양육 부모의 널뛰는 부정적인 감정의 쓰레기를 담아내고 있는 감정 쓰레기통 역할을 하는 경우가 생기는 것이다. 부모가 어떤 이유에서든 우리를 감정 쓰레기통으로 쓰려고 할 때 우리는 당당히 맞서야 한다. 우리는 부모의 해결 되지 않은 부정적인 감정을 담는 쓰레기통이 아니기 때문이다. 안다. 부모도 사람인지라 완벽하지 않다는 것을 안다. 그렇다고 해서 우리의 마음 그릇을 부정적인 것들로 채우라고 내어줄 수는 없는 일이다. 어릴 땐 우리가 대응할 힘도 없었을뿐더러 해결하는 것도 불가능했기에 어쩔 수 없이 부모의 부정적인 감정을 있는 그대로 받아들였다면 지금에서라도 우리는 그것을 잘 처리할 수 있어야 한다. 혹시 당신도 나처럼 아빠에게 서운한 감정들이 있는가? 억울한 것들이 있는가? 부당하다고 생각되는 것이 있는가? 부모에게 사과를 받는 일은 말처럼 쉽지 않을 수 있다. 어쩌면 당신의 부모님은 당신의 억울하고 부당했다고 여긴 경험을 기억하지 못할 수도 있기 때문이다. 오히려 그것이 얼마나 된 일인데 아직도 상처다 뭐다 하면서 이야기를 꺼내는 거냐고 핀잔을 먹을지도 모르겠다. 부모도 자신들이 선택한 이혼이었지만 그 과정에서 겪었던 엄청난 고통과 스트레스를 스스로 해결하지 못하는 경우가 많다는 것을 이제는 우리가 이해할 수 있다. 어느 정도의 회복이 되기 전까지는 자녀의 고통이나 스트레스까지 세심하게 챙길 여력이 사실은 없다. 자녀인 입장에서 보면 솔직히 자신들이 선택한 일임에도 불구하고 그 많은 스트레스와 고통을 감당하지 못해 부모로서 책임을 다할 수 없다는 것이 좀 어이없는 일이라는 생각이 들기도 한다. 그것이 바로 부모도 연약함을 가진 인간임을 깨닫게 해주는 부분이지만 말이다. 여기에서 우리가 할 수 있는 것은 이혼한 부모도 상담이 필요하고 치유과정과 회복이 필요한 존재라는 것을 이해하는 일뿐이다. 그렇다고 억지로 이해하려 할 필요는 없다. 자연스레 마음에서 우러나오는 대로 하면 된다.

그런데도 당신이 부모님을 이해하고 싶다는 마음이 생긴다면 그것은 당신의 역량만큼만 하면 된다. 나는 그런 당신을 기쁘게 응원할 것이다. 당신이 부모를 이해하게 될 때 오랜 시간 동안 마음속에 깔려있던 불편함이 감동에 이어 곧 편안함으로 바뀌는 신기한 경험을 하게 될 것이다. 부모로부터 왔던 부정적인 감정과 에너지는 당신의 것이 아니다. 그것은 부모님의 것이다. 그러니 너무 오래 가지고 있지 않기를 바란다. 이해하는 과정을 통해 불편함을 떠나보내고 감동과 편안함을 맞이하길 바란다. 나와 당신은 소중한 존재다. 결코 잊어서는 안 된다. 아무리 부모라 하더라도 함부로 대할 수 있는 존재가 아니라는 것을 기억해야 한다. 어릴 때는 우리를 함부로 하는 것들에 대해서 자신을 지키지 못했다고 하더라도 이제는 엄연히 다르다. 우리는 이미 컸고, 성인이며 부모보다 더 힘이 있는 존재로 성장했다. 그러니 이제는 내가 나를 충분히 지킬 수 있다는 것을 기억하길 바란다.

조절되지 않은 감정 훈육은 일방적 공격이다

저 멀리 서쪽 하늘에서는 벌써 주황색과 붉은색이 어울렁더울렁 한데 어우러져 예쁜 저녁노을을 만들고 있었다. 할머니는 여느 때와 다름없이 부엌에서 저녁을 하느라 분주하셨다. 솔솔 밥이 익는 냄새가 구수하게 온 집안을 두루 감쌌다. 시골 저녁이 주는 특유의 냄새였다. 밥을 짓기 위해 태우고 있는 나무에서 솔솔 피어오르는 냄새는 타닥타닥 타는 소리와 동시에 공명해 항상 묘한 안도감을 줬다. 할머니를 도와 저녁을 준비하던 나는 잠시 작은 방으로 들어갔다. 그때 안방에 계시던 아빠가 부르는 소리가 들렸다. 그런데 목소리가 심상치 않았다. 화를 누르는 듯한 목소리였다. 나는 이건 또 무슨 일인가 싶어 잔뜩 긴장하며 아빠에게로 갔다.

"니네 방 청소했어? 안 했어? 응?"

"아직……."

"아빠가 항상 깨끗하게 청소하라고 했지?"

"……."

"이누무 자식들이 그냥! 아빠가 책상이랑 방이랑 그렇게 청소하라고 하는데도 도대체가 아빠 말을 들어 먹지를 않네!"

아빠는 자기 말을 듣지 않는 딸들이 괘씸해 점점 화가 나는 모양이었다.

"이누무 새끼들 다 나와!"

나는 발이 좀처럼 떨어지지 않았다. 아빠의 화내는 얼굴이 너무 무서웠고 목소리는 또다시 내 몸을 얼어붙게 했다. 슬슬 눈치를 보던 나는 아빠와 눈이 마주쳐 버렸다.

"이누무 새끼들 빨리 안 나와!"

동생들도 작은 방에서 슬금슬금 마루로 나왔다. 우리는 서로 눈치만 보고 서 있었다. 아빠는 안방으로 들어가더니 다 들어오라고 소리치셨다. 와! 이제 진짜 죽었다는 생각밖에 들지 않았다. 잔뜩 움츠린 어깨를 하고 기가 죽어 안방으로 들어갔다. 우리는 아빠 앞에 나란히 무릎을 꿇고 앉았다. 그냥 약속이라도 한 것처럼 자동으로 무릎을 꿇게 됐다. 아빠는 나를 보며 소리를 쳤다.

"너 이누무 짜식! 나가서 회초리 가지고 와!"

"……."

아무런 말도 못 하고 멈칫멈칫 머뭇거리고 있던 나에게 다시 소리치셨다.

"빨리 안 가져와! 아빠 말이 안 들려!"

잔뜩 화가 난 아빠는 큰딸인 나에게 회초리를 가지고 오라고 불호령을 내리셨다. '헐! 이런, 회초리라니…….' 이건 또 무슨 일인가 싶었다. 예전 직업군인이었던 아빠는 아빠만의 특유한 엄격함이 있었다. 나는 어릴 때부터 그런 아빠의 모습이 무서웠다. 나는 항상 따뜻하고 자상한 아빠가 필요했다. 그러나 내 기억 속엔 엄격하고 무서웠던 모습이 더 많이 남아있다. 유독 깨끗하고 깔끔한 것을 좋아하던 아빠는 집안이 더럽혀지는 것을 너무나 싫어하셨다. 하다못해 나와 동생들 머리도 항상 짧은 머리이어야 했다. 깔끔하고 단정한 모습을 좋아하는 것도 있었지만 우리 머리를 관리해 줄 엄마가 없어서이기도 했다. 그런 성격의 아빠였기에 지저분한 집안을 보면 더 화를 내셨고 나와 동생들은 야단맞기 일쑤였다. 아침에 급하게 학교 가느라 치우지 못한 머리카락이며 책상 위의 학용품이며 의자에 걸쳐진 옷가지들이며 정리되어 있지 않은 모습을 보면 예외 없이 대표로 혼나든지 아니면 셋 다 불려갔다. 그렇지 않아도 나는 연대책임을 지고 혼나는 것이 너무 억울했고 부당하다는 생각에 몹시 화가 나 있던 상태였다. 물론 나만 대표로 혼나는 것도 싫었지만 그렇다고 동생들이 혼나는 것도 싫었다. 마음이 좋지 않았다. 짜증이 났다. 이번에도 마찬가지였다. 아빠의 불같은 호통에 무섭긴 했지만 의연한 듯한 모습으로 나는 눈도 깜빡하지 않았다. 내 마음 안에 무서움보단 불만이 더 크고 가득했기에 반항하고 싶은 마음이 용암처럼 끓어올랐다.

나는 회초리를 가지러 밖으로 나가면서 방문 손잡이를 잡고 힘껏 옆으로 밀어 버렸다. 그러자 문이 열리면서 '쾅'하고 부딪치는 소리가 아주 크게 나는 것이 아닌가! 순간 속으로 놀랐지만 내가 화가 났다는 것을 아빠에게 보여줘야 했기에 별것 아닌 것처럼 행동했다. 애써 아무렇지도 않은 척 말이다. 무서운 아빠에게 직접 반항은 못 하겠고 소심하게라도 반항하고 싶었다. 나는 그렇게 나까지 깜짝 놀라게 한 문소리를 뒤로하고 당당히 회초리를 가지러 나갔다. 나는 부엌으로 들어갔다. 그리고 제일 먼저 눈에 띄는 크고 굵으며 탄탄하고 질길 것 같은 늙은 대나무를 골랐다. 들어 보니 묵직했다. 나는 속으로 생각했다. '이것으로 때리면 무거워서 많이 못 때리고 멈추겠지?'라고 말이다.

이런 내 마음을 최대한 들키지 않기 위해 얼굴에서 감정을 싹 빼고 딱딱하게 굳은 표정으로 재장전하고 안방으로 들어갔다. 그리고 그 크고 긴 대나무 회초리를 아빠에게 드렸다. 그 순간 나는 '아차!' 싶었다. 회초리의 실체와 마주한 아빠는 눈빛이 확 달라지시더니 더 사나운 호랑이처럼 변하는 것이 아닌가! 판단 착오였다. 잘못했다며 용서를 빌 줄 알았던 딸이 오히려 생각지도 못한 큰 회초리를 내밀며 반항하는 모습이 아빠의 활화산 같은 화를 더 끌어당겼던 것이다. 아빠 입장에선 순순히 잘못을 빌어도 시원치 않을 판에 생각지도 못한 방법으로 맞대응하는 반항적인 딸의 모습에 더 화가 났을 것이다. 그때 나는 아빠의 돌변한 눈빛을 보고 '하아……. 올 것이 왔구나! 미쳤어! 내가 지금 무슨 짓을 한 거야. 정말…….' 이제는 죽었구나 싶었다.

"너부터 이리 와! 종아리 걷어!"

나는 무서운 그 긴장감에 가슴이 터져나갈 것 같았다. 그런데 한편으로는 별일 아닌 일인데도 불구하고 회초리를 드는 아빠에게 나도 잔뜩 화가 났다. 입을 꾹 다물었다. 어디 때릴 테면 때려보라는 식이었다.

"이누무 자쐭! 어떻게 동생들이랑 똑같이 하고 있어! 어? 니가 잘해야 동생들도 똑같이 할거 아니야? 아빠가 정리하라고 몇 번을 이야기하는데도 안 들어!"

"아악~!"

아빠의 회초리는 내 종아리를 사정없이 강타했다. 아빠에게 화가 나서 때려볼 테면 때려보란 식으로 다부지게 마음은 먹었었지만 맞아보니 정신이 번쩍 들었다. 너무 아파서 죽는 줄 알았다. 순간 내가 왜 이런 회초리를 골랐을까 원망스럽기도 했다. 작은 자존심이라도 지키고 싶었다. 매를 맞더라도 당당하게 맞고 싶었다. 그러나 그 생각은 회초리 첫 한 대에 무참히 무너지고 말았다. 한 대 맞자마자 아파서 두 손으로 내 종아리를 연신 비벼대고 있는 내 모습이 동생들 앞에서 그대로 노출되어버린 것이 아닌가! 하……. 정말 자존심이 상했다. 상상 이상의 통증이 내 머리 끝까지 전달되면서 나는 급속도로 찌질하고 초라한 모습이 되고 말았다. 옆에서 무릎을 꿇고 앉아있던 동생들은 내가 아빠에게 종아리를 맞을 때마다 무서워 떨며 잘못했다고 눈물 콧물 대성통곡을 했다. 나는 회초리로 맞으면서도 이 상황이 부당하다고 생각했다. 회초리가 내 종아리를 강타할 때마다 느껴지는 고통에 손으로 문질러대는 횟수도 늘었다. 그러다 손가락까지 맞았다. 하지만 나는 끝까지 울지 않고 당당하게 서서 아빠의 회초리를 맞았다. 이때 부엌에서 저녁을 준비하시던 할머니가 아빠 화내는 소리, 매 맞는 소리, 동생들이 대성통곡하는 소리를 듣고 깜짝 놀라 헐레벌떡 뛰어오셨다.

"아이고~~~이게 왠일이라아~~~시상이나~~이게 뭔 난리여어~영

순아~아빠한테 빨리 잘못했다고 빌어~얼릉! 시상이~~애를 잡겄네 잡
겄어~~빨리 잘못했다고 말혀어!"

할머니는 방안에 들어오지도 못하시고 밖에서 발만 동동 구르며 안절
부절못하셨다. 그야말로 할머니의 가슴은 바싹바싹 새까맣게 타들어 가
고 있었다. 나는 아빠에게 용서를 빌라는 할머니 말이 용납되지 않았다.
그래서 아랑곳하지 않고 그냥 회초리를 맞고 있었다.

"아이고~~~ 이제 너도 그만해라! 그만혀! 애를 시상이~때릴 때가 워
디 있다고 때리냐 때리기를 이? 때리지 마러! 그만혀! 시상이~~ 이게 뭔
일이랴~ 참말로!"

할머니의 큰 호통에 아빠의 회초리가 멈췄다. 아빠가 훈육이라고 생각
하는 그 시간은 그렇게 끝이 났다. 내가 대표로 회초리를 맞은 것으로 종
료되었다. 물론 동생들은 직접 회초리를 맞진 않았지만 이미 정신적으로
같이 맞은 것이나 다름이 없었다. 그 공포감이야 어찌 말로 할 수 있을까.
나도 동생들도 분노의 회초리 앞에 지옥 같은 시간을 견뎌야 했으니 말
이다.

"나와라! 영순이! 언능 나오너라~너희들도 나오고! 시상이~~뭐 그렇
게 큰 잘못을 혔다고 애를 그렇게 잡어! 잡기를! 시상이~~하이고~속상
혀 죽겄네. 참말로!"

나는 아픈 다리를 절뚝거리며 문을 열고 나왔다. 동생들도 울면서 밖으
로 나왔다. 아빠는 아무 말씀도 없으셨다.

"하이고오~~시상이나 어디 다리 좀 보자! 히이? 하이고~ 워쪌댜아
~~ 시상이~~ 멍들겄네~ 하유우~ 참말로~ 저누므 불같은 승격때문이

아주 꼭 저렇게 혔싸아~저럴 때마다 아주 내 속에서 천불이 나 죽겄어~ 참말로! 너는 도망가던지 해야지 그것을 그렇게 맞고 있냐~참말로 속상 하게! 하이고오~어쩌겄냐! 니가 속상혀도 이해를 해야지! 아빠를 좀 이 해 혀야지. 저누무 불같은 성격 때문에⋯⋯. 하휴우~!"

그랬다. 아빠는 화를 잘 참지 못했다. 아빠가 화를 필요 이상으로 낸다 는 것은 할머니도 잘 알고 계셨다. 몇 대 정도 맞았을까? 너무 아파서 몇 대를 맞았는지 기억은 잘 나지 않는다. 내 종아리의 약한 피부는 벌겋게 달아오르더니 다음날 검푸르게 멍이 들어있었다. 다음날 학교 체육 시간 이 있었다. 나는 친구들과 교실에서 체육복을 갈아입고 운동장으로 나갔 다. 체육복을 갈아입을 때 눈에 띄지 않았던 내 다리는 운동장에서 양쪽 팔을 벌린 넓이로 섰을 때 아주 잘 보였다. 나는 키가 작았기 때문에 앞에 섰었고 내 뒤에 있는 친구들은 내 다리를 보게 되었다. 반바지 밑으로 보 이는 종아리의 검붉은 멍을 보고 친구들이 놀랐다.

"옴마야! 영순아 너 다리 왜 그래? 무슨 일이 있었어?"

나랑 친한 친구들은 아주 난리가 났다. 나는 별것이 아닌 것처럼 천연 덕스럽게 대답했다.

"어~~ 아빠한테 첨으로 회초리 맞아봤다."

"허~~~~ 니네 아빠 디게 무섭다. 우리 아빠는 지금까지 한 번도 때린 적이 없는데⋯⋯."

친구들한테 둘러싸인 나는 대수롭지 않은 듯 대답하고 있었지만 씁쓸 한 기분은 어쩔 수가 없었다. 아빠가 한 번도 때린 적이 없다고 말한 친구 의 아빠는 엄청 자상하고 따뜻하기로 친구들 사이에서 소문이 나 있었기 때문에 더욱 그랬다. 그 친구의 아빠는 친구의 도시락까지 싸 주시는 분이었고 친구를 애지중지하시는 분이셨다. 나는 그 친구가 부러웠고 나도 그런 자상하고 따뜻한 아빠가 갖고 싶어졌다. 아빠의 회초리 훈육은 할머니의 호된 호통으로 처음이자 마지막으로 그렇게 마무리되었다. 어른이라고 해서 다 옳은 것은 아니었다. 어른이라고 해서 다 바른 것도 아니었다. 어른이라고 해서 다 정답을 가지고 있는 것도 아니었다. 내가 어른이 되어보니 알겠더라. 나도 다 옳지 않았고 모두 바른 것도 아니었고 모든 것에 정답을 가지고 있지도 않았으니 말이다. 얼마든지 실수할 수 있는 불완전한 존재일 뿐이다. 특히 이혼 후 자녀를 양육하는 과정에서 불쑥불쑥 튀어나오는 정제되지 않은 날 선 감정들을 조절하는 것은 늘 신경 써야 할 부분일 것이다. 감정조절이 안 된 화풀이 식의 훈육은 더욱 그렇다. 그것은 훈육을 빙자한 체벌에 불과하며 자녀에게 깊은 상처만 남길 뿐이다. 자녀의 입장에서 보면 자신을 사랑하고 보호해줘야 할 대상으로부터 공격당하는 꼴이기 때문이다. 그런 경우 자녀들은 부모에 대한 감정이 매우 복잡하고 혼란스러워진다. 가까이 다가갔다가도 도망치게 되고 도망쳤다가도 가까이 다가가고 싶은 너무나 혼란스러운 상태에 빠지게 될 뿐이다. 자녀들은 그런 경우 적극적으로 자기의 생각과 감정을 표현하고 주장하는 것이 필요하다. 결과에 상관없이 목소리를 내는 것은 매우 중요하다. 자신을 보호하기 위해서다. 지켜내기 위해서다. 화풀이 식의 감정 체벌로 상처받았던 내 어린 자신을 말이다.

말의 시작은 곧 치유의 시작이다

나는 아침에 일어나 학교에 가는 것이 정말 힘들었다. 말 그대로 아침 잠이 많은 아이였다. 그날 아침도 빨리 일어나라는 소리와 함께 어렵사리 몸을 일으켰다.

"하아~피곤하다. 더 자고 싶은데……. 빨리 일요일이 됐음 좋겠다."

빨리 일요일이 됐으면 하는 바람은 늘 내 가슴을 한가득 채우고도 그 기다림에 안달했다. 다른 아이들도 마찬가지이겠지만 학교를 쉬는 주말이 엄청나게 기다려지곤 했다. 일요일은 아침 일찍 교회에 가야 해서 어차피 늦잠을 잘 수도 없는데 말이다. 나는 어렵사리 자리에서 일어나 안 떠지는 눈을 반쯤 열고 세수를 하러 마당으로 나갔다. 그때였다. 내 눈에 들어온 할머니의 얼굴이 심상치가 않았다. 한 손으로 이마를 가리고 있었다. 그런데 주변에 핏자국이 보이는 것이 아닌가! 나는 너무 깜짝 놀라서 할머니 손을 급하게 치웠다. 할머니 이마에는 날카로운 그 무엇인가에 심하게 찍힌 것처럼 뾰족한 모양으로 상처가 나 있었다. 상처가 깊었다. 살점들이 힘없이 너덜거리고 있었다.

"어 할머니!! 이마! 이마요! 이거, 이거 왜 그래요? 어떻게 된 거예요 할머니?"

"이~이~하이고~~~괜차녀어~~~암씨렁 안혀. 괜차녀어~~걱정하지 마러!"

할머니는 상처로 깊게 팬 이마를 멋쩍은 웃음과 함께 급하게 손으로 다시 가리셨다. 일을 너무 많이 하셔서 마치 오래된 나무뿌리같이 마디가 툭툭 불거진 할머니의 손을 보는 것만으로도 마음이 아픈데 그 손으로 깊은 상처를 가리며 오히려 걱정시키지 않으려는 할머니의 모습이 나는 눈물 나게 속상했다. 순간 아무 도움이 되지 못하는 내가 싫어졌고 화도 나고 미워지기까지 했다. 심해진 상처 부위는 점점 부어올라 푹 꺼진 할머니 눈두덩이까지 붓기가 내려앉았다.

"할머니~~~어떡해~~어떡해~~빨리 치료해야 하는 거 아녜요? 많이 아프지 할머니!"

어찌해야 할지 몰라 발만 동동 구르고 있었던 나는 할머니의 깊은 상처에 놀라 심장이 밖으로 튀어나올 것만 같았다. 너무 무섭기도 하고 당황해서 어떻게 해야 할지 생각조차 나질 않았다. 심각해 보이는 상처임에도 불구하고 계속 괜찮다고만 하시는 할머니가 야속해지기까지 했다. 그랬다. 할머니는 항상 자기 몸은 뒷전이었다. 우리가 먼저였고 가족을 위한 당신의 희생은 늘 당연했다. 행여 가족에게 걱정을 끼치게 될까 웬만한 일은 대수롭지 않게 넘어가는 분이었다. 할머니의 이러한 모습은 이미 삶의 단단한 틀이 되어버렸고 그것을 바라봐야 했던 나에겐 가슴 아픈 추억이 되었다.

"아니~~시상이나 그거시~~새벽예배에 가는 길인디 말여! 그냥 늘 가던 길로 갔지 나는~거기서 쭈욱 논길 가다가 보며는 큰길 있자녀? 아니, 거기로 올라 갈려고 하는디 그냥 휙 허고 미끄러져 버렸다니까는~~아주 그냥 팍! 하고 넘어 졌는디 지랄하고 거기에 돌이 있었던 게벼어~시상이! 하이고~~이놈에 눈이 어두워가지고 당췌! 앞이 봬야지~이~~그래도 그냥 교회는 갔다가 왔는디 이제사~~이러네~에~~~눈이 부었나벼!"

할머니의 양쪽 눈에는 오래전부터 낡은 세월의 훈장처럼 백내장이 생겼고 그로 인해 더욱 시력이 좋지 않았다. 그런 할머니에게는 고작 상처가 많고 오래되어 시력에도 맞지 않아 제 기능을 잃어버린 낡고 휘어진 돋보기안경이 전부였다. 매일 눈곱과 눈물을 쉴새 없이 닦아내야만 하는 침침한 눈이었다. 그 눈으로 랜턴도 없이 매일 새벽예배를 다니시며 당신의 금쪽같은 손녀들을 위해 기도했던 분이었다. 그것을 너무나 잘 알기에 내 마음이 더 힘들었다.

"할머니 옆에 있는 보건소에 빨리 지금이라도 가 보세요."

"그러까 그럼?"

"응! 상처가 너무 심각해요."

"그려, 그럼 다녀와야 쓰겄따"

나는 심란해진 마음을 한가득 안고 학교에 갈 수밖에 없었다. 수업 내

내 할머니 걱정에 제대로 공부가 되지 않았다. 그 정도로 할머니 이마의 상처는 깊었다. 게다가 크게 다친 할머니에게 도움이 되지 못했던 죄송한 마음과 그 순간 아무것도 할 수 없었던 나 자신이 미웠다. 나는 학교를 마치고 친구들에게 먼저 간다고 말한 뒤 곧장 집으로 향했다. 그때만큼은 집과 학교 거리가 왜 그렇게 멀게만 느껴지던지 급한 내 마음처럼 발이 따라주질 않아서 답답했던 기억이 난다.

"할머니이이이~할머니이이~~~어디 있어요?"

"이~~다녀왔냐?"

할머니는 앞치마에 젖은 손을 닦으시며 부엌에서 나오셨다. 이마에는 하얀 거즈가 붙어있었다. 안심이었다. 다행히 보건소에 다녀오신 것이다.

"할머니 괜찮았어요? 어떻게 됐어요?"

"이~보건소 소장이 치료해줬어! 괜차녀어~걱정하지 마러!"

"후유~ 다행이다."

나는 온종일 가슴을 누르고 있던 큰 돌덩어리를 내려놓는 느낌이었다. 감사했다. 집에서부터 50미터도 안 되는 거리에 보건소가 있어서 감사했고 그 덕분에 빨리 치료를 받을 수 있어서도 감사했다.

나는 지금도 그때 기억이 생생하다. 할머니의 크고 깊은 상처를 보고 놀랐고 그 순간 내가 할머니를 위해 할 수 있는 일이 없다고 느꼈을 때의 좌절감이 이루 말할 수 없이 컸기 때문이다. 할머니에게 너무 죄송했고 급박한 상황에서 내게 가장 소중한 사람을 돕지 못했다는 생각에 그 당시 많이 힘들었다. 그렇게 아픈 시간이 아무렇지도 않게 흐르고 흘렀다. 세월이 내려앉은 할머니의 이마에는 어느새 세모 모양으로 푹 패인 고

약한 흉터가 자리를 틀어잡았다. 그 상처를 볼 때마다 너무 속상했다. 그저 미련하다 싶은 정도로 참는 것이 일상이었고 오직 가족들을 위해서만 존재하는 사람처럼 희생하는 것이 당신의 삶이었던 할머니의 모습. 나는 그런 할머니의 삶이 아프다. 아픈데⋯⋯. 너무 아픈데⋯⋯. 할머니의 아팠던 삶이 퍼즐 조각처럼 한편에 닮아져 있는 내 삶을 마주하다 보니 가슴이 시리다.

자신을 돌보는 일에 인색하지 마라. 제발 부탁이다. 자신에게 너무 엄격하게 대하지 마라. 그것은 결코 이기적인 것이 아니다. 제일 우선으로 해야 하는 가장 중요한 일이다. 그리고 무조건 참지 마라. 매사에 참는 것이 능사는 아니다. 아프면 아프다고 말하라. 힘들면 힘들다고 말하라. 슬프면 슬프다고 말해야 한다. 다른 사람에게 아쉬운 소리를 하는 것이 정말 죽기보다 싫은 당신이라면 참는 것이 일상일 수 있다. 이해한다. 나도 그랬으니까. 하지만 나의 할머니도 그랬고 나도 그랬듯 참는 것이 결코 자신을 위한 일도 아니었고 나를 사랑하는 사람들을 위함도 아니었다. 점점 마음과 몸에 병이 들어갈 뿐이었다. 그러니 꼭 표현하길 바란다. 말의 시작은 곧 치유의 시작임을 기억하라. 결국 이것이 자신을 지키는 일이다.

먼저 나에게 예우를 갖춰야 할 사람은
바로 나다!

그날도 변함없이 할머니의 시계는 바빴다. 새벽에 일어나 이른 아침을 준비하고 아침 식사 후 호미를 가지고 밭으로 나가셨다. 점심때쯤 옷에 묻은 흙먼지들을 머릿수건으로 대충 툴툴 털어 정리하고 마당 샘터에서 풀물과 흙물에 잔뜩 물든 갈라진 손을 깨끗이 씻은 후 차가운 부엌으로 향하는 것이다. 이것은 오래전부터 몸에 배어있는 할머니의 시계였다. 아침밥을 지은 후 미적지근해진 솥 안에 50센티가 족히 넘는 길고 널찍한 나무 주걱을 넣고 그 위에 할아버지의 밥과 호박잎, 가지와 데워져야 맛있는 음식 몇 가지를 수단껏 잘 올려놓았다. 물이 들어가지 않도록 그릇마다 뚜껑을 덮는 것도 잊지 않으셨다. 아침 내내 밭일까지 하고 온 할머니는 온몸이 땀으로 축축이 젖어있었다. 늘 그랬듯이 부엌 한쪽 귀퉁이에 한가득 쌓여있는 부러뜨리기 좋은 나뭇가지들을 골라 무릎으로 툭툭 꺾어서 아궁이에 불을 지피셨다. 어느덧 할머니 이마에는 송골송골 땀이 맺히고 눈꺼풀 위로 또르르 흘러 숱이 적어 듬성듬성한 눈썹 사이로 살짝 쿵 내려 맺혔다. 그러다가 금세 세월을 먹어 쪼글쪼글해진 할머니의 목덜미를 따라 주르륵 미끄럼을 타듯 흘러내렸다.

"어! 할머니 잠깐만요! 할머니~ 할머니~ 여기! 할머니 덥죠?"

지쳐 보이는 할머니 모습이 마음에 쓰여서 눈을 떼지 않고 바라보던 나는 재빠르게 할머니가 벗어서 한쪽에 놓아두었던 머릿수건을 챙겨 드렸다.

"그려~시상이나~왜 이렇게 땀이 난다~성가실케!"

"할머니 물 드려요?"

나는 마당 샘터에서 시원한 물을 받아 할머니께 드렸다.

"꿀꺽~꿀꺽~~하이구~~시원허다! 시상이~~이제야 좀 살 것 같네"

할머니는 시원하게 물 한 대접으로 더웠던 몸을 식히셨다. 그리고 아직 열기가 채 가시지도 않아 뜨듯한 눈물을 또르르 흘리는 솥단지와 그 옆에 조그맣게 찰싹 붙어있는 작은 냄비까지도 능숙하게 불을 지펴 점심을 준비하셨다. 작은 냄비 안에는 할아버지가 제일 좋아하시는 생선요리가 항상 떨어지지 않았다. 그날은 달그락달그락 작은 냄비뚜껑이 요란을 떨며 붕어찜 냄새를 신나게 뿜어댔다.

"느 할아버지는 그러케나아 비린 것을 좋아혀서는 꼭 이렇게 해주야 밥을 먹어. 어릴 때부터 귀하게 자라가지고서는 시방도 푸성가리들은 입에도 안 되야. 참말로, 이거시 사람을 을마나 성가실케하는지 몰라. 그냥 아무꺼나 주는대로 먹으면 되는디 크냐앙~그렇게 입도 까다로와 가지고서는……. 에휴우~어이구~어이구~다리야.”

할머니는 옆에 쪼그리고 앉아 불 아궁이를 뚫어지게 보며 멍을 때리는 나에게 괜스레 푸념을 쏟아내셨다. 그리고서는 한참이나 아궁이에 불을 지피느라 잔뜩 쪼그려 굳어버린 무릎과 허리를 어렵사리 펴며 일어나셨다. 검은 솥단지 뚜껑을 여니 한껏 달궈진 솥이 한가득 품고 있던 뜨거운 김을 한꺼번에 높은 천장까지 내뱉었다.

“후~~후~~~후~~~우~~~”

할머니는 당신의 침침한 눈을 잔뜩 가리고 있던 뜨거운 김들을 휘이휘이 손으로 내저으며 입김을 불어 솥 밖으로 날리셨다. 뜨겁게 데워진 할아버지의 밥과 반찬들은 한 개 두 개씩 할아버지 전용 밥상 위에 올랐다. 그날 점심도 할아버지 전용 밥상에는 할아버지가 좋아하는 반찬들로만 가득 차려졌다. 그것은 할아버지만을 위한 할머니의 선물이자 평생을 전해 온 세심한 배려였다. 할아버지가 좋아하는 음식으로만 가득 채워지는 밥상을 보니 갑자기 궁금해졌다. 그럼 할머니가 좋아하는 음식은 뭐지? 가만히 생각해 보니 할머니가 좋아하는 음식이 무엇인지 생각이 나지 않는 것이었다.

“할머니! 할머니 그런데요. 할머니가 좋아하는 음식은 뭐예요? 맨날 보면 할아버지가 남긴 반찬 아깝다고 드시잖아요.”

“이이~~나야 다 잘 먹지~뭐 가리는 게 있간디이. 할아버지가 먹고 남는 건 버리기 아까우니까는 먹는 거지. 음식을 함부로 버리면 쓰간디!”

할머니는 멋쩍게 웃으셨다. 분명히 할머니도 좋아하는 음식이 있을 텐데 말이다. 가리는 음식조차 없이 늘 무던하게만 살아냈어야 했던 할머니는 당신이 먹고 싶은 것을 말하는 것조차 어쩌면 사치였을지 모른다. 늘 할아버지가 드시고 남은 생선조림의 남은 국물과 짜디짠 젓갈을 당신의 숟가락 한쪽으로 마지막까지 찍어 드시던 참 초라하고 검소하기 짝이 없던 할머니의 밥상이 아직도 가슴 한구석을 아리게 한다.

누군가는 그 시절에는 다 그랬다고 말할 수도 있겠다. 그러나 매일 그런 할머니의 모습을 바라봐야 했던 나는 할머니가 안쓰러웠다. 아니 속상했다는 표현이 더 맞을 것 같다. 화가 나기도 했다. 가족을 위한 할머니의 희생을 따뜻하게 알아주거나 위해주는 어른이 없다는 생각에서였다. 할머니의 낮은 자리의 삶은 너무나 당연한 것처럼 받아들여지고 있었다. 할머니도 오랜 세월 자신의 그런 삶이 너무나 익숙한 분이었다. 참 그것이 눈물 나게 자연스러웠다. 나는 할머니가 좀 더 자신을 소중히 여겼으면 했다. 자신을 좀 더 아꼈으면 했다. 그렇다. 앞서 말한 것처럼 타인으로부터 흘러들어 오는 부정적인 요소들로부터 자신을 지켜내는 것은 매우 중요하다. 그러나 더 중요한 것이 있다. 그것은 내가 나를 아끼는 것이다. 자신에게 해가 될 법한 상황이나 환경에 노출하지 않는 것이다. 자신을 귀하게 여기는 것이다. 이것이 나를 보호하는 것이고 존중하는 것이다.

자신을 스스로 존중하지 않으면 타인도 존중하지 않는다. 그것이 가까운 가족이라 할지라도 말이다. 희생을 당연한 듯이 여긴다. 혹여 희생의 질이나 양이 자신의 기준에 미치지 못한다고 생각이 될 때는 감사는커녕 오히려 화를 내기도 한다. 마치 자신이 찾아 먹어야 하는 당연한 권리인 것처럼 말이다. '호의가 계속되면 그게 권리인 줄 안다.'라는 말도 있지 않은가! 그러니 자신을 필요 이상으로 낮추지 마라. 필요 이상으로 자신을 낮추는 것은 겸손과는 엄연히 다른 개념이다. 두 개념을 착각하지 마라. 겸손한 사람은 자신을 함부로 대하지 않는다. 남이 함부로 대하도록 방치하거나 버려두지도 않는다. 겸손한 사람은 자신을 존중하는 내면의 힘이 탄탄하다. 그래서 겸손할 수 있는 것이다.

주눅 들지도 마라. 부모가 이혼했다고 해서, 부모 품에서 자라지 못했다고 해서 그리고 가난하게 자랐다고 해서 위축되지 마라. 혹시 이런 이유로 인해 필요 이상으로 자신을 낮추게 되고 타인이 함부로 하도록 방치하게 된다면 주저하지 말고 당장 멈춰야 한다. 자신을 끝없이 낮추고 희생시켜야 당신이 중요하게 여기는 사람들로부터 관심과 사랑을 받을 수 있다고 생각하는가? 그렇다면 이것도 당장 멈춰라! 당신이 과하게 자신을 낮추고 희생하든 하지 않든 관계없이 떠날 사람들은 떠나고 남을 사람들은 남는다. 그러니 애쓰지 마라. 당신이 어떤 사람인데 그러는가! 우리는 우리 자체로도 정중한 예우를 받기에 충분한 가치를 지니고 태어난 사람들이다. 내 말이 마음에 쉽게 와닿지 않는가?

그렇다면 먼저 자신에게 예우를 갖추는 연습을 시작하자. 아주 작은 것부터 말이다. 거창하지 않아도 된다. 예쁜 그릇에 밥 먹기, 자녀들 밥보다 내 밥 먼저 푸기, 사과를 깎은 후 아깝다고 사과 갈비 먹지 않기, 남은 밥 먹지 않기, 멋지게 차려입고 가끔이라도 호텔 커피숍에서 커피 마시기, 나에게 선물하기, 정중히 거절해 보기 등 생각해 보면 많은 것들이 있을 것이다. 그중에 내가 할 수 있는 것부터 해 보자.

그리고 매일 거울을 보자.

거울에 비친 자기 모습이 보이는가?

어떤 모습인가? 혹

잠옷 바람에 머리도 헝클어지고 세수도 안 한 꼬질꼬질한 모습인가? 그렇다면 당장 씻고 와라.

말끔한 모습으로 다시 거울 앞에 서라. 그리고 자기 모습에 미소를 지으며 손으로 엄지척을 해주어라. 이것을 매일 지속하라! 자신감이 생겨 어깨가 으쓱해질 때까지 지속하라. 내가 나를 칭찬하고 내가 나를 대견해하고 내가 나를 존중하는 힘이 생길 때까지 지속하길 바란다. 우리 스스로 자신에게 예우를 갖출 때 세상도 그렇게 할 것이다. 예우의 시작은 나로부터다!

나는 그렇게 에스더가 되었다!

그날도 나는 밤새 석사논문을 준비하느라 새벽을 새하얗게 보내고 있었다. 아직은 어려서 손이 많이 가는 딸과 아들을 겨우 재우고 논문작업을 하려니 여지없이 피곤이 몰려왔다. 나에게 허락된 시간은 한정적이었고 주로 새벽 시간을 이용해 글을 썼다. 그 바람에 새벽 늦게 자는 횟수가 점점 늘어나기 시작했고 역시나 몸에 무리가 왔다. 입술은 터지고 혓바늘이 온 입안을 뒤덮고 잠을 제대로 못 자니 그야말로 내 모양새는 엉망진창이었다. 어디가 아프냐는 소리를 들을 정도로 상태는 썩 좋지 않았다. 하지만 나는 행복했다. 왜냐면 말이다. 내가 좋아하는 것을 하고 있었기 때문이다. 학교에 가는 길이 행복해서 눈물을 흘려본 적이 있는가? 믿어질지는 모르겠으나 내가 그랬다. 버스 정류장에서 내려 학교 가는 전철역으로 향하는 순간 그랬고, 전철역에서 내려 학교 정문에 들어서는 순간 그랬다. 학교는 내 꿈을 이루고 소명을 이룰 수 있는 중요한 과정 중 하나였기에 더욱 간절했다. 쉬운 과정도 아니었고 결코 쉽게 얻어진 기회도 아니었기에 더 소중했다. 20대 초반, 나와 같은 상황에 놓여있는 아이들을 전문적으로 돕는 사람이 되겠다고 결단했다. 사람을 살리고 성장시켜 리더로 세우는 일을 통해 새롭게 태어난 그들이 편견에 당당히 맞서 세상에 선한 영향력을 끼치는 사람으로 다음 세대를 키워내도록 하는 것이 나의 꿈이었다. 그 꿈은 지금도 변함이 없다. '일본문화 전격 개방'이라는 뉴스를 보고 원색적인 일본문화에서 우리 아이들을 지켜야 한다는 책임감으로 시작되어 꿈을 이루는 첫발이 된 일본 유학. 히라가나 가타카나를 시작으로 한 달간의 문법 정리가 전부였던 상태로 무작정 일본 유학을 떠났다. 일본에 아는 사람이라곤 한 명도 없었던 나는 그야말로 맨땅에 헤딩하는 것과도 다름이 없었다. 지금 생각하면 정말 무모하기 짝이 없는 행동이라는 생각이 드는 것도 사실이다.

그러나 그렇게 무모한 선택을 하도록 내 마음에 열정의 불을 일으켰던 것이 바로 책임감과 꿈이었다. 그 책임감과 꿈이 지금도 나를 이끌고 있다. 물론 쉬운 일은 없었다. 이미 만반의 준비를 하고 온 유학생들보다 더 큰 노력이 필요했기 때문이다. 아르바이트하기 위해 이력서 한쪽을 쓰는데 무려 7시간이 걸렸다. 그것을 그대로 7장을 베껴 아르바이트를 구하는 가게에 무작정 들어가 면접을 봤다. 일본에 간 지 3개월이 지나고 막 4개월이 접어들 때라 일본어가 쉽게 들리지도 않았고 말을 제대로 하지도 못했다. 그래서 나만의 전략을 만들었다. 짧은 시간 나를 어필하기 위해서는 미리 써 놓은 내 소개 글을 외운 후 질문이 들어오기 전에 다 말해

버리는 것이었다. 그것도 아주 자신감 있고 당당하게 말이다. 뭐 그들에게 꿀릴 것은 없었으니까. 하하하. 지금 생각해 보면 정말 민망하기도 하고 우습기도 하다. 하지만 그때는 절박했었기 때문에 창피한 것도 사실 몰랐다. 그야말로 패기 하나로 밀어붙였던 생존방식이었다. 그런데도 몇 군데에서 연거푸 거절당할 때면 축 처진 어깨가 다시 힘을 받을 때까지 두려운 마음이 다시 회복될 때까지 잠시 기간을 두고 쉬어야 했다. 쉬면서 공부했고 용기가 생기면 이력서를 들고 다시 신주쿠와 시부야, 신오쿠보의 거리를 돌아다녔다.

나는 운이 좋게도 개업을 앞둔 일본 전통 라멘 가게에서 아르바이트를 시작하게 되었다. 일본어를 아직 잘하지 못해 손님 대응은 할 수 없지만, 설거지와 청소는 자신 있다며 성실함을 어필했었다. 그것이 인상에 남았었는지 사장으로부터 연락이 온 것이다. 정말 너무 기뻤다. 사실 내가 여유 있게 가져갔던 돈도 다 떨어질 시기였기에 더 감사했다. 유학생 기숙사의 식당은 매일 늦은 시간까지 불이 켜져 있었다. 그곳에서 유학생들이 공부했기 때문이다. 일본어 실력이 부족했던 나는 제일 나중에 식당 불을 끄고 나왔다. 일본어는 생존이었다. "이랏샤이마세!" 룸메이트 언니가 내 잠꼬대를 듣고 깨서 웃었고 그 웃음소리에 나도 깼다. 그렇게 꿈도 일본어로 꾸기 시작했다.

나는 어학교를 다니며 아르바이트를 계속했다. 오고 가는 지하철역에는 무료로 가져갈 수 있도록 비치해 둔 조그맣고 예쁜 엽서가 있었다. 나는 그 엽서를 가지고 기숙사에서 하루하루 일기를 썼다. 그리고 어학교 선생님께 부탁해 개인적으로 검사를 받았고 수정해 주시는 대로 다시 공부했다. 어학교와 기숙사 그리고 아르바이트와 교회를 다니며 나에게 주어진 기회를 효율적으로 쓰기 위해 최선을 다했다. 한번은 라멘 가게에서 설거지하다가 양손이 손끝에서 손목까지 마치 생선 비늘처럼 하얗게 피부가 벗겨진 것을 보고 너무 놀라고 서러워 눈물이 터져버린 적도 있었다. 주체할 수 없이 흐르는 눈물을 감추려 주방을 뛰쳐나와 그대로 화장실로 뛰어 들어갔고 그렇게 한참을 울었다. 괜찮냐고 걱정해 주는 사장님과 일하는 분들이 고맙기는 했지만, 위로는 되지 않았다. 일본에서는 위생상 고무장갑을 사용하지 않기에 맨손으로 독한 세제를 풀어 그릇들을 닦아야만 했다. 그 뒤로 나는 성실함을 인정받았고 설거지뿐만 아니라 잘 가르쳐주지 않는다는 소스를 제조하는 비법과 다양한 요리법까지 배우게 되었다. 나는 대학교 진학의 꿈을 꾸었고 준비하게 되었다. 물론 내 현실은 돈이 없는 가난한 유학생이었다. 그러나 도전은 하고 싶었다. 대학교 두 군데 원서를 넣었고 감사하게도 한 곳에서 서류합격에 두 번의 면접시험까지 최종 합격을 하게 되었다. 나와 함께 지내고 있던 유학생들도 나의 합격을 마치 자기들의 일처럼 기뻐했고 축하해 주었다.

그러나 역시 입학금과 수업료가 문제였다. 나에겐 그럴만한 돈이 없었으니 말이다. 나는 기도했다. 제발 들어가게 해달라고 말이다. 나는 그사이 이사도 했고 아르바이트 장소도 바뀌었다. 새로 바뀐 장소의 점장님께 부탁을 해봐야겠다는 생각이 들었다. 결과야 어찌 됐든 해봐야겠다고 생각했고, 만약 안 되면 한국으로 다시 돌아가려고 마음을 먹고 있었다. 나는 점장님께 정중히 상담을 요청했다. 내가 왜 일본에 왔으며 일본에서 공부를 왜 하려고 하는지 그 이유에 대해서 말씀드렸다. 그리고 대학에 합격한 상태임에도 불구하고 입학금이 없어 등록하지 못하고 기한이 임박해 있는 현재 상황과 나를 믿고 빌려주시면 성실하게 조금씩 갚아나가겠다는 이야기였다. 점장님은 잠깐 생각에 잠기더니 이내 말문을 열었다. 그러더니 학교에 입학할 때 드는 돈이 총 얼마냐고 묻는 것이 아닌가! 그 순간 나는 너무 감사해서 왈칵 눈물이 쏟아질 뻔했다. 지금 생각해도 울컥한다. 그렇게 나는 그분 덕분에 학교에 입학할 수 있었다. 나는 성실히 일하며 매달 조금씩 빌린 돈을 갚아나갔다. 그러던 어느 날이었다. 점장님께 빌린 돈의 일부를 드리던 나에게 아직도 갚아야 할 금액이 남았냐고 하는 것이 아닌가! 나는 그 말에 깜짝 놀랐다. 아직 두 번 더 남았다고 말은 했으나 처음부터 점장님은 나에게 빌려준 돈을 받을 생각이 없었던 것이었음을 깨닫게 되었고 그 순간 감동하지 않을 수 없었다. 너무 감사했다. 꼭 보답하고 싶었다. 이후 나는 더 성실히 일했다.

그러던 어느 날 점장님이 갑자기 나를 비롯해 함께 일하고 있었던 다른 유학생들도 부르는 것이 아닌가. 그러면서 하는 말이 우리 지점이 가맹점 전체에서 최우수 점으로 평점을 받았다는 것이었다. 본사에서 파견한 평가단이 암행어사처럼 손님으로 가장해 가맹점을 돌아다니며 평가하는 제도였는데 그 평가에서 높은 점수를 받아 최우수 점으로 지정됐다는 것이었다. 본사에서 보내온 평가지를 가리키며 높은 점수를 받은 부분에 관해서 설명하던 점장님은 한 곳을 가리켰다. 그런데 세상에 그 부분에 내 이름이 떡하니 적혀있는 것이 아닌가! 나는 깜짝 놀란 눈으로 점장님의 얼굴을 쳐다보았다. 순간 그들이 내 이름을 어떻게 알았을까 궁금함이 스쳐 지나갔다. 그러나 바로 우리는 모두 이름표를 달고 있다는 것을 깨닫게 되었다. 나는 내가 이름표를 달고 있었는지도 잊어버릴 정도로 놀라서 정신이 없었다. 평가지에는 분명히 내 이름이 있었고 왜 높은 평점을 주었는지 그 이유에 관해서도 설명이 되어있었다. 점장님은 처음 있는 일이라며 너무나 기분이 좋다고 했다. 나도 기분이 좋았다. 게다가 이런 경험은 또 처음이라 얼떨떨하기도 했다.

"류 상, 정말 고마워요. 류 상 덕분에 우리 지점이 최우수 점으로 평가받았어요. 처음 있는 일이어서 놀랍기도 하고 더 기분이 좋습니다. 사실 그동안 나는 한국과 한국인에 대해서 별로 좋지 않은 생각을 가지고 있었어요. 그런데 류 상을 보면서 그 생각들이 완전히 바뀌었죠. 고맙습니다. 류 상을 만나게 된 것이 행운인 것 같습니다."

지금도 잔뜩 상기되었던 그분의 표정과 말이 생생하게 기억이 난다. 오히려 나는 합격한 대학을 등록금이 없어 들어갈 수 없을지도 모르는 절박한 상황에서 기꺼이 도움의 손길을 내어주셨던 분이었기에 내가 더 고마웠다. 그리고 최우수 점으로 좋은 평점을 받게 된 것도 내가 잘해서가 아니라 근본적으로 그분이 만든 결과였다. 그분이 베푼 선의에 보답하는 것은 나에게 당연한 일이었기 때문이다. 나는 대학에 들어가게 되었고 여전히 아르바이트, 교회, 학교, 집을 돌며 열심히 살아나갔다. 아르바이트만 해서 생활비를 하고 학비를 감당하기란 여간 어려운 것이 아니었다. 나는 장학금을 받기 위해 더 열심히 공부해야만 했고 감사하게도 장학금을 받을 수 있었다. 또 성적이 좋아야 들어갈 수 있는 임상 심리 코스에도 들어갈 수 있었다. 우리 학과에는 유학생이 나 하나밖에 없었던 터라 학교 측에선 나에게 기대를 가지고 있었고 나도 그 기대에 부응하며 순조롭게 잘 따라가고 있었다. 이전에 유학생을 뽑았으나 심리학의 어려움을 극복하지 못하고 도중에 그만뒀다고 한다. 그래서 몇 년간 뽑지 않다가 내가 다시 들어오게 된 것이다. 감사하게도 나는 전공학과뿐 아니라 다른 학과 교수님들에게도 관심을 받고 있었다. 학교생활에 어려움은 없는지 세심하게 잘 챙겨주셨던 교수님, 컴퓨터나 노트북이 없어 많은 양의 과제를 일일이 손으로 써서 제출하는 것이 창피했던 내게 오히려 내 글씨체를 개인적으로 너무 좋아한다며 다른 학우들 앞에서 칭찬을 아끼지 않으셨던 교수님, 한국을 방문할 때마다 직접 찾아와 주셨던 교수님 등 나는 그분들이 베푸신 선의의 혜택을 많이 받았던 학생이다. 현재 20년 가까이 시간이 흘렀음에도 불구하고 그 시절 교수님들에 대한 감사한 마음과 감동은 결코 잊을 수가 없다. 수업 태도가 불량했던 학생들로 인해 힘들어하던 교수님께 음료수를 사 들고 찾아가는 등의 일은 그런 나에게 있어 자연스럽고 당연하였다. 누군가는 눈살을 찌푸리며 무슨 오지랖이냐고도 하겠지만 교수님에 대한 감사한 마음과 더불어 다른 사람의 힘듦이나 어려움, 아픔이 유난히도 잘 포착되고 어떻게 하면 도움을 줄 수 있을까를 재빠르게 궁리하는 동시에 어느새 행동으로 옮기고 있는 '나'라는 사람에게는 지극히 자연스러운 일이었을 뿐이다.

　아빠의 환갑이 다가올 때의 일이었다. 나는 아빠의 인생에 특별한 선물이 될만한 것으로 뭐가 있을까를 고심하기 시작했다. 늘 풍족한 삶이 아니었던 나에게 선물이란 비용은 적게 들이면서도 의미 있는 특별한 뭔가를 만들어내는 것이었다. 입이 떡 벌어질 만큼의 비싼 물건을 선물할 수 없는 형편임을 너무 잘 알지만 그렇다고 해서 허술한 선물은 하기 싫었다. 선물에는 충분히 특별한 의미를 담고 있어야 했다. 나에겐 감동을 줄 수 있는 선물을 만들어 낼 수 있다는 자신감과 욕심이 있었다. 그런데 이 방법은 몸으로 직접 뛰어다닌다거나 내가 가진 재능을 최대한 발휘해야 한다거나 적게는 한 달 이상의 시간과 노력 그리고 많은 에너지가 필요했다. 누군가는 돈으로 쉽고 간단히 해결해 시간과 노력과 에너지를 아낄 수 있겠지만 나에게는 좀처럼 허락되지 않은 영역이었다. 그러나 덕분에 나는 특별하고 감동이 있는 이벤트 기획에 자신감이 붙기 시작했다. 사람에게 감동을 주기 위해 연구하고 계획하고 준비하고 실행하는 전 과정에서 재미를 느끼기 시작했고 어느새 그것을 즐기고 있었다. 아는 사람은 알겠지만, 그 과정에서 얻어지는 즐거움과 설렘은 생각 그 이상이다. 나는 아빠의 특별한 선물로 축하 메시지를 받아 앨범을 만들어 드리기로 했다. 거의 한 달간 나의 수업과 연관된 교수님들을 일일이 찾아가 뵙거나 수업이 끝나면 재빠르게 달려가 축하 메시지를 요청해서 받기도 했다.

"허허허~~정말 제가 축하 메시지를 써도 되나요? 저는 류 상의 아버님이 참 부럽네요."

나는 교수님들 뿐 아니라 아르바이트 장소의 사람들과 교회 사람들 그리고 내 주변의 사람들에게서 축하 메시지를 받았다. 모두 겸손하게 흔쾌히 요청을 받아주었다. 아빠를 위한 특별한 선물을 준비하기 위해 용기를 냈던 행동들은 본의 아니게 오히려 학교 교수님들에게 '나'라는 학생을 알리게 되는 계기가 되었고 그런 나를 좋아해 주시는 교수님들도 늘어났다. 결과적으로 나에 대한 좋은 이미지가 만들어진 것이다. 지금 다시 생각해 봐도 내가 좀 유별난 사람이라는 생각이 든다. 이런 내가 싫지는 않다. 좋다. 유별난 모습도 나니까! 꿈을 이루기 위해 일본을 선택했고 녹록지 않은 현실 속에서 꿈을 실현해 나가는 과정마다 어렵고 고생스러운 고비는 있었으나 행복했다. 다른 학과 학우들과도 친하게 지내며 재미있는 학교생활을 할 수 있었던 것도 감사했다. 그러던 어느 날이었다. 나는 평소와 마찬가지로 학교를 마치고 신오쿠보의 돈가스 가게에서 일하고 있었다. 매니저와 함께 주문받고 계산하고 손님을 응대하며 열심히 돈가스도 날랐다. 그런데 이상하게도 그날따라 가슴의 정중앙에 있는 명치에 마치 바늘로 계속해서 찌르는 듯한 통증이 있었고 멈추질 않았다. 참을 때까지 참으며 일했으나 저녁쯤이 되어서는 통증이 심해져 제대로 서 있을 수조차 없었다. 더 이상 참을 수 없었고 나는 매니저에게 살짝 이야기한 후 탈의실에서 웅크리고 앉아있었다. 그러나 좀처럼 통증이 가라앉질 않았고 결국 나는 옆으로 누워버렸다. 통증 때문에 힘들어하는 날의 횟수가 점점 늘어갔고 통증의 강도도 만만치 않게 세졌다.

학교 수업 시간에 너무 아파서 도저히 숨을 쉴 수조차 없었던 적도 있었다. 나는 수업 도중 책상에 엎드렸고 고통에 몸을 뒤틀었다. 괜찮냐며 걱정해 주시는 교수님 목소리도 아득하게 들리기 시작했다. 끝내 나는 동네의 가까운 병원에 가보기로 했다. 일본에 온 지 4년여 만에 처음 가는 병원이라 무척 떨렸다. 그러나 지속되는 가슴 통증의 원인을 알아야 했다. 가장 큰 걱정이었던 병원비 생각은 잠시 접어두고서라도 말이다. 나는 병원에서 접수를 마치고 의사를 대면했다. 지금까지의 증상들을 말했더니 흉부촬영을 하자고 했다. 나는 잔뜩 긴장한 탓에 심장이 튀어나

올 것만 같았다. 흉부촬영을 하고 결과를 기다렸던 나에게 의사는 촬영한 사진을 보며 심각한 얼굴로 말했다.

"이것은 맨눈으로 봐도 암이네요. 큰 병원으로 가셔야겠습니다. 빨리 가셔야 해요."

나는 잘못 들은 줄 알고 다시 물었다. 그러나 돌아오는 대답은 같았다. 암이란다. 위암! 정말 무슨 드라마나 영화에서나 나올법한 말이 내 귀에도 들리는데 이건 도저히 믿을 수가 없었고 믿어지지도 않았고 믿고 싶지도 않았다. 그러나 현실이었다. 위암의 원인은 스트레스와 과로였다. 스트레스와 과로라……. 나는 머리가 멍해졌다. 그러다 어렴풋이 내가 생활했던 여러 장면이 하나둘씩 떠오르기 시작했다. 학교에서 수업이 끝나자마자 곧장 학교 도서관에 들러 공부했고 늘 마음껏 공부하기엔 턱없이 부족한 시간의 아쉬움을 뒤로한 채 급하게 아르바이트 장소로 향했다. 매일 시간을 아끼기 위해 중간에 삼각김밥 한 개와 우유를 샀고 마땅히 먹을 곳이 없어 화장실에서 먹곤 했던 내 모습이 떠올랐다. 그것도 수업이 늦게 끝나는 날이면 먹지 못한 채 일하러 가는 날도 다반사였다. 물을 먹고 싶었으나 비슷한 가격대에 좀 더 몸에 좋을 것만 같던 우유를 선택한 어리석은 모습도 떠올랐다. 밤늦게 아르바이트를 마치고 파김치가 된 몸으로 시험을 위해 새벽까지 공부했던 날들과 일요일에는 교회 활동으로 아침부터 저녁까지 바쁘게 움직였던 모습들이 떠올랐다. 그러고 보니 나에겐 쉬는 시간이란 것이 없었다. 몸이 고장이 날 만했다. 스스로 몸을 아끼지 않으니 말이다. 이제는 제발 좀 쉬라고 더 이상 못 버티겠다며 마지막 카드를 날린 내 몸의 강력한 신호였다. 의사는 내게 소견서를 써 줄 테니 빨리 큰 병원에 가야 한다며 재촉하고 있었다. 나는 축 늘어진 몸을 어렵사리 일으켜 소견서를 들고 병원을 나왔다. 병원에 가기 위해 그날은 아르바이트도 뺀 상태라 시간이 있었다. 하늘을 바라봤다. 참 깨끗하고 파란 하늘이었다. 너무 예뻐서 그래서 더 슬펐다. 그렇게 예쁜 하늘을 바라본 것이 언제였던지 기억이 나질 않았다. 하늘을 쳐다볼 시간이 없을 정도로 내 삶은 치열했다. 그래야 살 수 있었으니까. 다음날 나는 학교 교무과에 소견서를 보여줬고 잠시 학교를 쉬어야 할 것 같다고 말했다. 그 소견서를 유학생 담당 교수님이 보셨고 급하게 나를 찾아오셨다. 유독 나를 예뻐해 주셨던 교수님은 너무 놀라서 상담이 이루어지는 내내 크고 동그란 눈이 더 커져 있었고 말은 빨라지고 있었다. 다행히 나는 교수님의 도움으로 위암 수술을 할 병원을 정할 수 있었다. 그리고 2003년 12월 3일 나는 수술실로 들어갔다. 한국에서 둘째 동생이 왔고 동생과 교수님은 내 수술 과정을 전부 지켰다. 4시간으로 예측했던 수술 시간은 6시간으로 늘어났다. 나는 위의 3분의 2를 잘라냈으나 다행히 수술 결과는 좋았다. 임상심리학을 지도하셨던 교수님께서 병원에 찾아오셨다. 자기 아내가 한국 사람인데 도움을 주고 싶다며 필요하면 언제든지 말해 달라고 몇 번이고 말했다. 몸도 아픈데 어려운 의학 전문용어에까지 신경을 써야 하는 나의 상황을 배려한 것이었다. 진심으로 나를 돕고 싶어 했던 교수님의 마음에 감동하지 않을 수 없었다. 이 글을 쓰고 있는 지금도 뭉클하다. 하지만 나는 폐를 끼치고 싶지 않았고 찾아와 준 것만으로도 감사해 정중히 거절했다.

다행히 의사와의 소통은 전혀 문제가 없었다. 내가 의학용어를 다 알아들어서 그런 것은 아니었고 내가 이해하기 쉽도록 의사는 설명해 주었고 모르는 것은 질문을 통해 이해할 수 있었다는 뜻이다. 그 당시 나의 회복을 위해 한국교회뿐만 아니라 일본교회 청년들과 어른들이 간절히 기도했고 한국교회에서는 장학금도 보내주셨다. 같은 학과 친하게 지냈던 친구의 교회 목사님까지 오셔서 기도해주고 책 선물도 주셨다. 아르바이트하던 가게에서도 예쁜 인형을 들고 병문안을 왔고 학교 영상학과 교수님은 CD 플레이어와 용기를 주는 내용이 들어있는 CD 몇 장을 선물로 주셨다. 나를 담당했던 전공 교수님과 교우들은 각종 편지와 그림, 힘과 위로 용기를 주는 말들로 가득한 롤링 페이퍼, 복을 의미하는 직접 만든 부엉이 인형과 소원이 이루어진다는 천 개의 종이학을 접어 실로 엮어 주면서 우리는 항상 함께할 거라고 말해 주었다. 더 놀랐던 것은 '이 학생은 우리가 꼭 도와야 하는 학생입니다.'라며 유학생 담당 교수님께서 나를 위해 학교 내에 모금 활동을 하셨다는 것이다. 그 당시 나는 한꺼번에 수업료를 낼 수 있는 형편이 못되어 분할납부하고 있었고 아직 내야 할 금액이 남아있는 상태였다. 그것을 알게 된 영어 담당 교수님께서 자신이 남은 그 수업료를 전부 다 내겠다고 하셨다는 것이다. 그 교수님의 뜻을 받들어 유학생 담당 교수님은 그렇다면 우리가 다 같이 하자고 했고 이것이 곧바로 모금으로 이어진 것이라 했다. 그렇게 학교 전체에 나를 위한 모금이 시작되었고 감사하게도 나는 그것으로 수술비를 감당할 수 있었다. 요양을 위해 한국에 들러 온 지 약 한 달 만에 학장님이 나를 만나고 싶어 한다는 소식에 다시 학교를 찾아가게 되었고 그때 나를 도와주셨던 교수님들을 일일이 찾아뵙고 감사의 인사를 드렸다. 그런 후 나는 유학생 담당 교수님과 함께 학장님을 만났다.

"안녕하세요. 류 상의 이야기는 우수이 교수님을 통해 자세히 들었습니다. 성적도 좋고 학교생활도 모범적이며 교수님들 사이에서도 성실하고 좋은 학생으로 이야기되고 있다고 알고 있습니다. 안타깝게도 이번 건강에 문제가 생겨 힘든 일을 겪었다고 들었습니다. 다시 힘을 내어 빨리 회복하셨으면 좋겠습니다. 학교에서는 류 상을 위해 현재 남아있는 수업료 중 80%를 감면해 주기로 결정했습니다. 그리고 장학금도 함께 드리도록 하겠습니다. 사실 이런 일은 학교가 세워진 이래 처음입니다. 그만큼 우리 학교는 류 상을 진심으로 생각하고 있습니다. 다시 학교로 꼭 돌아와 주시길 부탁드립니다. 그리고 졸업을 잘하셔서 가깝고도 먼 나라라는 한국과 일본의 관계에 꼭 필요한 역할을 감당해 주시길 부탁드리겠습니다."

나는 학장님의 말에 너무 놀라서 한동안 말을 잊은 채 앉아있었다. 학장님의 말이 떨어지기가 무섭게 우수이 교수님이 말했다.

"그럼요. 반드시 이 학생은 다시 학교로 돌아올 겁니다. 절대 배신할 학생이 아닙니다. 그건 제가 보증합니다."

"하하하~예! 꼭 다시 돌아오셔서 두 나라의 좋은 관계를 위해 도움이 될 수 있는 일을 하셨으면 좋겠습니다. 5년이든 그 이상이든 몇 년이 걸리든 상관없습니다. 류 상의 건강이 모두 회복되었을 때 오세요. 언제든 우리는 기다리고 있겠습니다. 꼭 다시 오세요."

"감사합니다. 학장님! 회복해서 다시 꼭 돌아오겠습니다."

나는 너무 기뻐서 심장이 터져버릴 것만 같았다. 감동스럽고, 감사해서 눈물이 났다. 나와 교수님은 가슴 벅찬 시간을 보내고 학장실에서 함께 나왔다. 그런데 그때까지 정신이 없어 미처 알아보지 못했던 것이 내 눈에 포착이 되었다. 바로 교수님의 손에 붕대가 감겨있는 것이 아닌가! 그러고 보니 얼굴 한쪽에도 상처가 있었다. 나는 깜짝 놀라서 교수님께 물었다.

"교수님! 어떻게 된 거예요? 이 상처는 뭐예요?"

"아……. 이거 류 상이 한국에 가던 날 학교 계단에서 넘어졌어요. 이제는 괜찮아요. 많이 좋아졌어요. 아마도 류 상이 나에겐 부적과도 같은 사람이었나 봐요. 류 상이 한국에 가는 날 이런 사고가 난 걸 보면 말이죠. 아하하하"

교수님은 크고 동그란 눈으로 괜찮다는 듯 멋쩍은 웃음을 보였지만 나는 웃을 수가 없었다.

"류 상! 류 상은 꼭 좋은 상담사가 될 거예요. 나는 믿어요. 좋은 상담사가 되어서 어려워하는 많은 사람을 치유할 거예요. 꼭 그렇게 될 거예요."

교수님은 나에게 항상 힘이 되는 말을 해 주시는 분이었다. 나에게 어떤 책이 좋을까 몇 번을 고민하면서 어렵게 골랐다며 책도 선물해 주셨다. 그리고 나를 간호하기 위해 일본으로 왔던 동생도 함께 초대해 도쿄타워에서 맛있는 음식도 대접해 주셨다. 그 당시 결혼하지 않고 혼자 어머니를 모시며 살던 교수님은 교수님의 어머니도 모시고 와 함께 즐거운 시간을 보냈다.

교수님은 일본에서 요양하며 학교에 다니는 건 어떻겠냐고 권유하셨지만, 현실적으로 마음 편히 회복에만 집중할 수 없는 일본에서의 삶을 잘 알기에 나는 한국으로 들어오게 되었다. 그렇게 한국으로 돌아온 나는 동생들의 도움으로 몸과 마음을 회복하며 거의 1년간 쉼의 시간을 가졌다. 그 후로 일본에 다시 갈 기회가 있었지만 결국 유학을 연기하게 되었다. 시간이 흐른 뒤 결혼했고 나는 두 아이의 엄마가 되었다. 지금 초등학생인 아이들이 가끔 나에게 하는 말이 있다. 그때 엄마는 일본에 다시 갔어야 했다고! 그럴 때마다 나는 웃는다. 사실 그렇게 하고 싶었지만 후회하지는 않는다고 말이다. 그때 일본에 다시 가지 않았으니 이렇게 소중하고 예쁜 보물들을 만날 수 있었던 것이 아니냐고 말해준다. 결혼 후에도 여전히 내 마음 한구석에는 꿈을 이루고 싶은 열망이 꿈틀대고 있었다. 어떻게 하면 내가 다시 학업을 지속할 수 있을까? 어떻게 하면 다시 일본에 갈 수 있을까? 어떻게 하면 꿈을 이룰 수 있을까? 설마 이대로 끝나는 건 아니겠지? 기다리겠다고 했는데……, 너무 가고 싶은데……, 약속을 꼭 지키고 싶은데……. 학업에 대한 마음이 더욱 절실해지는 만큼 그에 따른 조바심과 걱정, 근심도 깊어져만 갔다. 나의 꿈을 지지하지 않는 환경에서의 돌파구는 보이지 않았다. 방법을 아무리 궁리해 봐도 이렇다 할 만한 실마리조차 찾지 못했다. 시댁에서 어린 자식을 키우며 사는 엄마라는 자리와 며느리라는 자리의 무게감은 컸고 그런 현실에서 꿈을 꾸기란 생각보다 만만치 않았다. 말 그대로 사치였다. 꿈은 고사하고 나 자신을 잃어 가는 것 같은 힘든 일상을 살아내며 겨우 버티고 있었다. 그러나 나는 이대로 내 꿈이 좌절되는 것을 원치 않았다. 그러던 어느 날이었다. 둘째 아이를 임신한지 6개월이 되던 시기에 우연히 온라인 수업을 통해 학위를 취득할 수 있는 사이버대학교를 알게 된 것이다. 온라인과 오프라인을 병행해 학업을 진행하는데 주로 온라인 수업을 중심으로 이루어지는 시스템이었다. 요즘엔 기존의 유명 해외 대학들도 온라인으로 학위를 취득할 수 있도록 하고 있으나 그 당시만 하더라도 온라인 학습으로 학위를 취득할 수 있도록 하는 곳은 몇 군데 되지 않았던 때였다. 나는 뛸 듯이 기뻤다. 이것은 분명히 하나님이 나에게 주신 절호의 기회라고 생각했고 마치 나를 위해 만들어진 새로운 시스템인 것 같아 너무 감사했다. 덕분에 나는 학업을 연결하여 다시 시작할 수 있게 되었다. 편입과정을 거쳐 학교에 입학하게 되었고 둘째 아이를 낳고 몸조리 차 산후조리원에 있을 때도 과제와 시험을 치러내는 등 처한 환경에서 내가 할 수 있는 한 최선을 다하고 있었다.

다행히 졸업과 함께 상담심리학사 자격을 취득할 수 있었다. 그 당시 나는 우여곡절 끝에 시댁에서 분가를 할 수 있었고 이제는 두 아이를 돌보면서 살림과 학업을 병행해야 했다. 주변의 반대에도 불구하고 다행히 엄마의 지원으로 석사과정을 시작할 수 있었고 운이 좋게 장학금도 받아가며 내가 그리던 꿈에 조금씩 다가갈 수 있었다. 나는 심리학석사 학위를 취득하기 위해 마지막 졸업 논문을 앞두고 있었다. 설문지를 만들고 온라인과 오프라인으로 열심히 뛰어다니며 사람들에게 진행되고 있는 연구에 대한 설명과 함께 설문에 참여해 달라고 부탁했다. 논문 프로포절 당시 설문 인원수를 많이 잡아서 과연 그 인원을 다 조사할 수 있겠냐는 한 교수님의 걱정과는 달리 나를 아는 많은 분의 조력으로 설문을 돌리고 취합하는 과정은 기대 이상으로 순조롭게 진행되었다. 논문에 필요한 연구자료들을 찾고 글을 쓰고 다듬느라 새벽 늦게까지 깨어있는 날이다반사였다. 그 때문에 몸은 피곤함에 절어 있었지만 내가 좋아하는 일이었기에 그 어렵다는 논문의 과정을 잘 견딜 수 있었다. 그러던 어느 날이었다. 이런 나의 모습이 보기에 썩 탐탁지 않았는지 툭 내뱉어진 날카로운 말 한마디가 나의 심장을 생으로 도려내는 듯한 극한의 고통을 주었다.

"하나님의 이름을 팔아서 욕망을 채우려는 주제에!"

나는 내 귀를 의심했다. 여태껏 살아오면서 처음 들어 보는 너무 충격적인 말이었기에 바로 대응할 수가 없었다. 나는 그대로 얼음이 되어버렸고 순간 흩어지려 하는 정신을 붙잡아야 했다. 나는 며칠 동안 충격에서 벗어나지 못하고 있었다. 자꾸 그 날카롭게 후벼파는 말이 내 머릿속을 휘젓고 있었고 끊임없이 반복 재생되고 있었다. 거의 한 달이라는 시간을 충격 속에서 지내고 있을 무렵 문득 이런 생각이 들었다.

'지금 걷고 있는 이 길에 대한 내 마음이 얼마만큼 진심인지는 하나님이 정확히 알고 계신다고 확신해! 사람의 외모가 아닌 중심을 보시는 분이니까. 하지만 지금은 내 의지가 확고하다고 해도 나도 완벽한 인간이 아니라서 얼마든지 흔들릴 수도 있겠지. 그래! 그 부분은 깔끔하게 인정. 그렇다면 내가 흔들리지 않도록 잡아줄 수도 있고 흔들렸어도 다시 돌아오게 만드는 그 어떤 기준이나 장치가 있었으면 좋겠는데 말이지.'

나는 내가 이 공부를 왜 시작했는지, 왜 굳이 이 길을 가려고 하는지, 이것이 내게 주는 의미는 무엇인지 등 아주 기본적이지만 심오하고 중요한 질문들을 던지며 초심을 잃지 않으려 했다. 나는 매일 성경을 묵상하는 경건의 시간을 가지고 있었다. 평소처럼 경건의 시간을 보내던 어느 날 내 마음속에 쑥 들어오는 성경 말씀을 발견하게 되었다. 에스더서 4장 14절의 내용이었다. 내용은 대체로 이렇다. 에스더 왕후의 민족이 페르시아의 하만 총리의 악한 계략으로 인해 전멸당할 위기 상황에 놓이게 된다. 민족의 위기 앞에 에스더 왕후는 침묵하지 않았고 죽음을 각오한 그녀의 결심으로 이스라엘 민족을 구하게 된다는 내용이다. 이 과정에서 에스더 왕후를 키워 준 아버지 같은 존재인 사촌 모르드개가 그녀에게 서신을 통해 한 말이 내 맘에 깊이 들어왔다. 이거다! 싶었다.

"네가 왕후의 자리를 얻은 것이 이때를 위함이 아닌지 누가 알겠느냐?" [에스더서 4:14]

에스더가 왕후의 자리에 앉게 된 이유에 대해 언급되는 부분으로 나는 내가 공부를 시작하게 된 이유와 연결하게 되었다. 나는 내 의지를 더 확실하고 견고히 하기 위해 이름을 에스더로 개명하기로 결단했다. 이후 바로 개명에 필요한 서류를 알아봤고 법원에 제출했다. 얼마간의 심사를 통해 나는 그렇게 '류에스더'라는 이름의 사람으로 재탄생하게 되었다. 대외적으로는 내가 크리스천이라고 굳이 이야기하지 않아도 이름을 말하는 순간 대부분의 사람은 내가 하나님을 믿는 사람이라는 것을 유추할 수 있어 편했고 개인적으로는 소명에 대한 확신과 내가 걷고 있는 과정에서 덧없는 욕망이나 욕심에 빠지거나 흔들리지 않도록 하는 나만의 안전장치가 되어줄 수 있음에 안심이 되었다. 나는 논문지도 교수님께 상담사 류에스더로서 제3의 인생의 시작점을 석사논문으로 하고 싶다는 말씀을 드렸고 교수님도 이에 흔쾌히 수락하셨다. 그래서 석사논문의 저자는 류에스더가 되었다. 어쩌면 누군가는 그냥 질투가 담긴 쓰레기 같은 말이라면서 대수롭지 않게 신경 쓰지 않을 수도 있겠다. 아니면 아닌 거지 뭘 그렇게 예민하게 구냐고 냉정하게 말할 수도 있겠다. 오히려 하나님의 이름을 팔아 자신의 욕망을 채우려는 마음이 어딘가 한구석에라도 있었으니 네가 그렇게 예민하게 반응한 것 아니냐고 날카로운 질문을 던질 수도 있겠다. 좋다! 다 좋다! 그 어떤 이유든 상관없다. 그러나 그날이 지금도 생생하게 기억이 날 만큼 나에겐 큰 충격으로 다가왔다는 것은 사실이다. 왜냐하면 그 말을 들었을 때 지금껏 꿈을 향해 사명감을 가지고 걸어오며 쏟았던 내 모든 시간과 노력, 열정이 담긴 오랜 여정이 온전히 한꺼번에 한순간 깡그리 무시되고 거부당한 느낌이 들었기 때문이다. 참을 수 없는 분노가 치밀어 올랐다. 다른 각도로 보면 마치 내가 시험대에 오른 느낌이었다. 만약 꿈과 사명에 대한 내 진심이 시험대에 올랐던 것이라면 나는 당당히 합격이다. 보라! 나는 그 계기를 통해 보기 좋게 한 단계 더 성장하는 기회로 삼아버렸지 않은가! 덕분에 의미 있고 예쁜 이름도 얻었다. 중요한 것은 내가 내 이름을 상기시킬 때마다 또 다른 사람들로부터 불릴 때마다 이 공부를 왜 시작했는지를 다시 한번 되짚어 보게 되었다는 것이다. 나를 '류에스더'로 불러준다는 것은 꿈과 사명에 대한 내 진심을 온전히 인정해 주는 것이고 상담사로서의 제3의 인생을 열렬히 응원한다는 의미이다. 그러니 많이 불러주길 바란다. 그렇다! 누가 뭐라 해도 내 꿈에 대해서 내 사명에 대해서 나는 진심이다.

꼭 그런 것까지 지 아빠 닮아가지고!

내가 아마도 8살이 되었을 때의 일인 것 같다. 아직도 내 머릿속에 선명하게 남아있는 엄마에 대한 기억 중 하나다. 그날 나는 한 살 차이의 동생과 나란히 이불을 덮고 잠을 자고 있었다. 옆에서는 엄마와 이모가 이야기하고 있었다. 이야기하는 소리에 깬 건지 잠을 다 자서 깬 건지는 모르겠지만 나는 눈을 감은 채 귀속으로 쏙쏙 빨려들어 오는 두 사람의 대화 소리에 어느새 귀를 기울이고 있었다. 이야기는 계속되었다. 내용은 잘 기억이 나질 않는다. 그런데 엄마의 한마디가 어린 나를 혼란스럽게 만들었다.

"쟤는 꼭 그런 것까지 지 아빠 닮아가지고! 어쩌면 그렇게 생긴 것도 똑같고 먹는 것이든 식성까지도 똑같은지 몰라!"

엄마의 말에 스며있는 뉘앙스는 마치 '싫어하는 남편을 딱 닮아있는 자식도 당신 마음에는 썩 내키지 않는다.'라는 뭐 그런 정도의 의미였던 것 같다. 분명 그 소리는 내가 아빠를 닮아서 좋다거나 사랑스럽다는 말은 아니었다. 들어서 기분이 좋아지는 긍정적인 의미는 아니었다. 그 정도는 어린 나도 직감적으로 알 수 있었다. 혼란스러웠다. 살짝 충격을 받은 탓에 생각이 정리되지 않았다. 나는 눈을 뜰 수도 없었다. 행여 이러다 눈이 떠져서 들켜버리면 어쩌나 살짝 긴장도 됐다. 나는 눈에 힘을 주었다. 미세하게 눈꺼풀이 파르르 떨려 왔다. 복잡한 생각들이 내 머릿속을 휘젓기 시작했다. 심장의 움직임도 몸으로 느껴지기 시작했다. 옆에서는 아무것도 모른 채 깊은 잠을 자는 동생이 부럽기도 했다. 동생처럼 자고 있었더라면 이런 소리는 듣지 않았을 테니 말이다. '내가 아빠를 그렇게나 많이 닮았나?' '그런데 왜 아빠를 닮으면 안 되는 거지?' '내가 닮고 싶어서 닮은 것도 아닌데 아빠를 닮은 것이 내 잘못인가?' '엄마는 아빠를 닮은 내가 미운 건가?' '왜 싫은 거지?' '키우기 싫은데 억지로 키우는 건가?' 내 머릿속에서는 별의별 궁금증들이 폭발적으로 생겨나고 있었다. 그때까지만 해도 당연히 나는 관심도 받고 사랑도 받는 아이라 생각하고 있었다. 그러나 내 귀에 들려왔던 뜻밖의 말은 어린 내게 혼란스러움과 큰 상처를 남기고 말았다. 내 존재 자체가 거절당하고 거부당하는 느낌이었다. 아빠를 닮아있는 내 외모나 성격이나 식성 따윈 내가 통제할 수 있는 영역이 아니었다. 말 그대로 내가 노력해서 바꿀 수 있는 영역이 아니라는 말이다. 그냥 아빠를 닮은 내 존재 그 자체가 부정당한 느낌이었다. 가슴이 벌렁거리며 울컥거리기 시작했다. 들키고 싶지 않았다. 엄마에게 나는 화가 나 있었다. 입술에 꽉 힘을 주고 찔끔 흐르는 눈물을 감췄다. 그때 갑자기 내 엉덩이가 축축해지는 느낌이 들었다. 오줌을 싼 것이었다. 나는 너무 놀랐다. 믿을 수 없었다. 너무 부끄러웠다. 순간 나는 옆에서 정신없이 자고 있던 동생을 오줌으로 흥건히 젖어있는 곳으로 당기고 나는 슬금슬금 몸을 바꿔 젖지 않은 곳으로 옮겨가기 시작했다. 티가나지 않도록 아주 조금씩 움직였다. 다행히 엄마와 이모는 대화에 빠져 있느라 영악한 나의 행동을 눈치채지 못했다. 그런데 그때 잘 자던 동생이 뒤척거리며 겨우 피한 나에게 달라붙는 것이 아닌가! 나는 갑자기 이 모든 상황이 짜증 났다. 순간 잘 자고 있던 동생을 발로 차면서 밀어 버리고 손으로 팔을 꼬집어 버렸다. 화는 엄마한테 났는데 화풀이는 동생한테 한 것이었다. 마른하늘에 날벼락이라고 자다가 갑자기 살을 꼬집힌 동생은 '왕~'하고 크게 울음을 터뜨렸다. 엄마와 이모는 깜짝 놀라 대화를 멈추고 우는 동생에게 집중했다.

"아이고~오줌 쌌네."

뭐 그 정도면 성공이었다. 내 영악한 계획이 한 치의 의심도 없이 성공한 것이다. 내가 보기에도 완벽 그 자체였다. 결과적으로 동생도 오줌으로 옷이 젖어 버렸고 나도 젖어있었으니 누가 실수를 했는지 모를 일이었다. 나는 유독 한 살 차이 나는 동생을 참 많이도 미워했다. 가만히 있는 동생을 밀어 넘어뜨리질 않나 꼬집어서 울리지를 않나 지금 생각해 보면 도대체 왜 그렇게 미워했는지 이해할 수가 없다. 처음부터 그랬던 것은 아니었다. 유치원에서 빵과 우유를 간식으로 받으면 먹고 싶은 마음 꾹 참고 아꼈다가 집에 있는 동생을 주곤 했다. 친구들이 맛있게 먹는 모습을 보면서도 동생이 생각나 빵 봉지를 뜯지도 않은 채 가져다가 주었을 만큼 동생을 좋아했다. 그러나 언제부턴가 나는 점점 동생을 미워하고 몰래몰래 괴롭히는 못된 아이가 되어가고 있었다. 그랬다. 가끔 아주 가끔 내 귀에 들려왔던 말이 있었다.

"영순이는 동생이 빨리 태어나는 바람에 젖도 제대로 못 먹어서 저렇게 애가 약해. 동생한테 다 뺏겼지 뭐!"

아마도 이 말을 듣고 난 이후부터였던 것 같다. 내가 자주 아프고 비실거리고 약한 이유가 동생이 내 몫을 빼앗아 가서 그런 것이라 여겼던 것 같다. 나에게 동생은 내 것을 빼앗아 간 나쁜 존재가 되어갔다. 얼굴만 봐도 괜히 동생이 미워지곤 했다. 그러나 어떤 누구도 이런 나에게 동생은 그런 존재가 아니라고 이야기해주지 않았다. 지금 생각해 보면 나에게 충분하게 모유를 주지 못한 것에 대한 안타까움을 표현했던 것인데 결론적으론 내가 동생을 미워하게 되었고 나는 피해자가 되어버렸다. 사실 따지고 보면 동생이 한 살 차이 나는 언니를 두고 태어나고 싶어서 태어난 것도 아닌데 말이다. 더구나 언니가 더 먹었어야 할 엄마 젖을 못 먹게 막은 것도 아니지 않는가? 분명 동생 탓이 아님에도 불구하고 졸지에 태어나면서부터 언니의 것을 빼앗은 나쁜 존재가 되어 버린 것이었다. 지금 생각해도 참 안타까운 일이 아닐 수 없다. 그랬다. 나는 그렇게 감쪽같이 엄마를 속였다. 그리고 그 이후에는 어떻게 됐는지 내 기억에는 없다. 그건 그렇고 나는 엄마가 했던 말이 계속 머릿속에 되풀이되고 있어 화가 가라앉질 않았다.

"꼭 그런 것까지 지 아빠 닮아가지고."

나는 그 이후로 짜증이 잦아졌다. 괜스레 아무 잘못도 없는 동생에게 화풀이도 했다. 내 생각에 나는 나름 성적도 나쁘지 않았고 선생님의 관심을 쏠쏠하게 받는 반장도 하면서 예체능에도 두각을 나타내는 등 그야말로 모범생 딸이었기에 당연히 엄마와 아빠에게 사랑받는 자랑스러운 딸이라고 생각했다. 그런데 졸지에 이게 웬 날벼락 인지 아빠를 닮았다는 이유로 엄마에게 나는 미운 오리 새끼가 되어버린 것이 아닌가! 충격이었다. 그 당혹스러움과 혼란스러움은 이루 말할 수가 없었다. 툭 던져진 엄마의 한마디는 내 안에 큰 파장을 일으켰다. 알고 있다. 부모는 완벽한 존재가 아니라는 것을. 그러니 육아에서도 마찬가지다. 부모도 부모가 처음이라 미숙한 점도 많다. 처음부터 부모 역할을 잘 해내기란 쉽지 않다. 부모도 자식을 키우면서 함께 성장하기도 하니 말이다. 좋다. 부모가 완벽한 존재가 아닌 것도, 부모라는 역할이 처음이라 미숙한 것도, 부모도 자녀를 키우면서 함께 성장해 나가는 존재인 것도 이해한다.

그러나 부부의 관계가 좋지 않은 것으로 인해 파생되는 문제가 자녀에게까지 영향을 미치는 것에는 많은 주의가 필요하다. 부부관계의 갈등으로 인해 생기는 스트레스와 부정적인 감정이 자녀를 공격하게 되고 결과적으로 서로가 원하지 않은 상처를 남길 수 있기 때문이다. 지금의 내 사례처럼 말이다. 자녀는 좋든 싫든 원하든 원하지 않든 부모의 유전자를 물려받게 되면서 외모도 고스란히 닮게 된다. 자녀가 스스로 선택할 수 있는 영역이 아니라는 것이다. 그렇다고 의지나 노력을 들여 바꿀 수 있는 부분도 아니다. 부부의 관계가 좋다면야 배우자를 닮았든 자신을 닮았든 상관없이 자녀가 지극히 사랑스러울 것이다. 그러나 반대의 경우

어떠한가! 흔히 할 수 있는 실수가 갈등 관계에 있는 배우자를 비롯해 그 배우자와 가장 많이 닮아있는 자녀를 동일시하게 되지않는가? 같은 사람이 아님에도 불구하고 같은 사람처럼 취급하며 남아있는 부정적인 감정을 자녀에게 쏟아놓는 실수를 한다. 외모가 닮았다 할지라도 자녀는 배우자와는 엄연히 다른 인격체이다. 완전히 분리된 다른 존재다. 이것을 간과해서는 안 된다. 여기에서 주목해야 할 것은 어떤 잘못이나 실수를 해서 미움을 받거나 거부당하는 것이 아니라 부모 중 한쪽을 닮았다는 이유로 긍정적인 경험을 하지 못했다는 것이다. 이것은 존재 자체에 대한 부정적 피드백이기 때문에 더 좋지 않은 영향을 준다. 이러한 패턴은 위기 속에 있는 부부나 이혼한 부부에게서 종종 찾아볼 수 있다. 특히 안타까운 것은 힘이 약한 자녀에게 배우자에 대한 자신의 부정적 감정을 쏟아부으며 복수하는 미성숙한 부모가 있다는 것이다. 그런 경우 힘이 없는 자녀는 총알받이가 되고 감정의 쓰레기통이 될 수밖에 없다. 자녀는 평생 그 총상의 아픔을 가지고 성장하게 될 것이고 자신에게 버려진 부모의 썩고 악취 나는 감정의 쓰레기들을 품고 자랄 수밖에 없다. 이것을 스스로 깨닫고 버리지 않는 이상 말이다.

부모를 선택해서 태어날 수 없는 자녀가 겪기에는 너무 가혹한 형벌이지 않은가! 혹시 당신도 같은 경험을 한 적이 있는가? 당신의 부모로부터 당신의 존재 자체를 거절당하는 아픔을 겪어 본 적이 있는가? 당신이 통제할 수 없는 영역에서 거부당해 본 적이 있는가? 그것은 모두 당신의 잘못이 아니다. 그 누구도 당신을 왜 그렇게 생겨 먹었냐고 욕을 할 수도 비난할 권리도 없다. 그럴 자격을 가진 사람은 이 세상 어디에도 없다. 당연히 부모도 예외는 아니다. 잘 알다시피 나와 당신은 이 세상에 태어난 것만으로도 기적 같은 존재다. 외모가 누굴 닮았든 식성이나 행동이 어떻든 그것은 각자가 지닌 고유한 특성일 뿐이다. 그냥 그 자체가 나와 당신이다. 다른 사람이고 분리된 존재다. 그러니 부모와 자신을 동일시하지 마라. 자기 모습을 부모에게 투사하지 마라. 그 자체가 말이 안 되는 것이다. 이렇게 우리는 성장 과정에서 부모로부터 알게 모르게 상처를 받았다. 그렇다는 것은 우리가 더 이상 상처 받은 과거에 묶이지 않도록 그 아픔에서 빨리 빠져나와야 한다는 뜻이기도 하다. 그래야 비로소 나로 지금을 온전히 살아갈 수 있기 때문이다. 상처와 아픔에서 벗어나는 방법에는 여러 가지가 있다. 그중에 하나는 자신에게 상처를 줬던 부모로부터 사과를 받고 용서하는 것이다. 그러나 만약 그럴 수 없는 상황이라면 성인이 된 자신이 상처받았던 어린 나를 찾아가 위로하고 따뜻하게 안아주는 것이다. 힘이 없어 자신을 보호하지 못하고 지키지 못했던 아이를 끌어안아 주고 이제부터는 지켜주겠다고 보호해 주겠다고 약속하는 것이다. 가장 좋은 방법은 상처를 준 부모에게서 직접 사과받고 그 당시 미성숙했던 부모를 용서하는 것이다. 그러나 현실적으로 이런 기회는 흔하지 않다. 이미 부모님이 세상에 계시지 않거나 그런 사실조차 기억을 못하고 있을 가능성 때문이다. 그렇기에 두 번째 방법을 권하고 싶다. 성인이 된 내가 상처받았던 그때의 어린 나를 만나는 작업이다.

나는 다행히도 40년이라는 오랜 세월이 흘러서야 엄마로부터 사과를 받았다. 계획된 일은 아니었다. 엄마의 칠순을 기념하기 위한 여행이 계기가 되었다. 엄마와 딸들만의 여행이었다. 우리는 서로 과거의 추억을 공유했고 그 과정에서 즐겁기도 하고 신나기도 했다. 공유할 추억이 있다는 것이 그런 것이 아니겠는가! 아픈 추억 앞에서는 사뭇 진지해지기도 했다. 그때 나는 엄마에게 용기를 내어 말했다. 그럴 수 있었던 것은 이젠 더 이상 예전에 힘이 없던 어린아이가 아니라는 의미였다.

"엄마, 엄마가 그때 나한테 뭐라고 했냐면 쟤는 그런 것까지 지 아빠를 닮았다고 뭐라 했어."

그 말을 듣자 엄마는 깜짝 놀라셨다. 그리고는 기억이 났는지 나를 단번에 와락 끌어안아 주셨다. 그리고는 반복해서 사과했다.

"아이고~미안! 미안해. 미안하다. 미안해. 미안해 우리 딸. 미안해 우리 딸."

엄마는 계속해서 나를 끌어안고 내 등을 토닥거리며 말했다. 미안하다고 정말 미안하다고 말이다. 나는 그날 그 사건으로 인한 서운함과 미움이 사라졌다. 이렇게 쉽게 사라질 수 있었던 건데 그 많은 세월을 마음속에 가지고 있었다는 것이 억울하게 느껴질 정도였다. 사람들은 쉽게 잊어버린다. 남에게 상처를 준 일도 남에게 힘을 주었던 일도 대부분 기억에서 지워낸다. 그래서 어쩌면 당신이 받은 상처가 그 사람들에게는 그리 중요하지도 특별하지도 않을 수 있다. 그러니 당신도 받은 상처를 반복해서 생각하며 집착하지 않았으면 좋겠다. 내가 해 보니 나만 힘들고 나만 과거에서 빠져나오지 못해 나만 현재를 제대로 살지 못하더라. 결국 '용서'는 나를 위해 해야 한다는 말이 맞았다. 상처받은 내 과거가 내 발목을 잡지 못하도록 보내줘야 한다. 행복으로 날아가려는 날개를 주야장천 시도 때도 없이 땅속으로 잡아 끌어내리려는 상처 난 우리의 과거를 '용서'로 잘라내야 한다. 이것은 선택이 아닌 필수다. 나와 당신을 위해서 반드시 해야 하는 작업임을 잊지 마라. 우리는 행복할 권리를 가진 존재다.

내 새끼 눈에서 절대 눈물 나게 안 할 거다!

힘겹고 외로운 결혼생활로 겨우겨우 하루를 버티고 있을 때였다. 극도의 스트레스와 우울감으로 새벽을 뜬눈으로 보내야 했고 이날도 어김없이 새벽 3시를 넘기고 있었다. 바깥 두꺼운 유리문을 타고 들어오는 가로등 불빛은 어두운 거실 한쪽 구석에 머물러 어렴풋이 힘겨운 빛을 내고 있었다. 나는 거실 한쪽에 놓여있는 소파 밑에서 두 다리를 접어 팔로 가득히 끌어안은 채 고개를 깊숙이 떨구고 있었다. 힘없이 축 늘어진 마르고 연약한 내 어깨는 하염없이 흘러나오는 슬픔에 가늘게 진동하고 있었다. 어렵게 재운 아이들을 깨울까 위 층 시부모가 인기척을 느낄까 조심하며 답답한 울음을 울어야 했다. 크게 울지도 못하고 울 수도 없어 숨이 막혔다. 가슴 깊은 곳에서부터 올라오는 절규는 금방이라도 터질 것만 같았다. 그러나 나는 거세게 터져 나오려는 절규를 있는 힘껏 목구멍으로 조이며 억지로 끊고 끊어 나누어서 삼키고 있었다. 나는 혼자였다. 결혼 후 12년 동안 어디에도 흡수되지 못한 채 심리적으로 분리되어 같은 공간 다른 영역의 세상에서 살고 있었다. 결혼이라는 절차를 통해 법적으로 인정하는 새로운 가족의 형태는 있었으나 정서적으로 연결되어 소속감을 느낄 수 있는 따뜻한 가족의 기능은 존재하지 않았다. 견고하게 진을 치고 있는 공간으로 나는 들어갈 수 없었고 나의 존재가 온전히 받아들여지지도 않았다. 소외되고 고립된 이방인의 삶은 이미 예견된 것이었다. 삶이 힘들 때마다 나는 가끔 질문들을 던지곤 했다. 내 부모가 이혼하지 않았더라면 어땠을까? 내 부모가 세상이 알아주는 명성과 부를 가진 사람들이었으면 어땠을까? 그런 부모로부터 강력한 보호를 받는 딸이었다면 어땠을까? 내 모습에 여우처럼 영악한 면이 있었더라면 어땠을까? 뭐든지 대수롭지 않게 넘겨버리는 털털함이 있었다면 어땠을까? 상황이 달라졌을까? 억울함이란 것이 고개를 들 때마다 질문들을 해 봐도 답답한 내 현실은 달라지지 않았다. 버겁게 하루를 버텨내며 살아가던 나에게 치명적인 손님이 찾아왔다. 우울증이었다. 깊은 우울이었다. 상담받아야 했고, 병원에서 약 처방을 받아서 먹어야 했다. 왜 우울증에 걸릴 수밖에 없었는지 그리고 이 우울에서 빠져나가려면 어떻게 해야 하는지 나는 알고 있었다. 그러나 이미 현실 앞에 무기력해진 나에겐 움직일 힘조차 없다는 것도 깨닫고 있었다. 우울한 나는 역시나 환영받지 못했다. 그 원인조차 내 잘못이었기 때문이다. 나는 아파도 안 되는 사람이었다. 지금도 그때를 생각하면 가슴이 답답해서 숨이 쉬어지지 않는다. 마치 어제의 일처럼 말이다. 새가 되어 푸른 하늘을 날던 나는 마르지 않은 콘크리트 시멘트 바닥에 떨어져 버렸고 온몸이 박힌 채 굳어지며 생명의 빛을 잃어가고 있는 듯했다. 검은 비가 세차게 쏟아지는 하늘 아래 뼈대만 앙상하게 남은 찢어진 우산을 쓰고 희망을 잃은 눈으로 멍하니 서 있는 상상을 하기도 했다. 도저히 멈출 것 같지 않아 보이는 차디찬 검은 비로부터 나를 보호하지 못하는 찢어진 우산. 내가 잡은 손잡이에는 손목과 연결된 두 개의 쇠고리가 탄탄하게 채워져 있었다. 나는 우산을 버리지도 그렇다고 다른 곳에 피하지도 못한 채 두려운 비를 맞으며 온몸이 검게 물들어가고 있는 듯했다. 나는 깊은 우울감이 가져다주는 죽음의 검은 그림자와 치열하게 싸워야 했다. 매일 나의 흔적을 지우는 방법을 생각했었고 어느새 주변 정리를 하고 있었다. 아이들을 재워놓고 혼자 거실로 나와 울었다. 소리 없는 절규를 토해내고 있었다. 그랬다. 나에겐 마음껏 울 수 있는 자유도 허락되지 않았다. 울음소리가 새어 나가지 않도록 수건으로 입을 틀어막았다. 얼굴이 빨개져 터져버릴 것 같았고 빠질 것 같은 눈에서는 뜨거운 눈물이 주체할 수 없을 만큼 터져 나오고 있었다. "하나님, 제발 살려주세요! 죽을 것 같아요! 숨이 쉬어지지 않아요. 살려주세요. 제발 살려주세요. 살려주세요. 살려주세요. 하나님! 죽을 것처럼 힘들어요. 힘들어요. 너무 힘들어요. 살려주세요 하나님."

역설적으로 죽음을 준비하던 나는 하나님께 살려달라고 몸부림치고 있었다. 한참을 떼굴떼굴 구르며 울었다. 숨이 쉬어지지 않아 가슴을 주먹으로 치며 울었다. 치고 또 치고 아무리 세게 쳐도 내 가슴은 시원해지지 않았다. 앉았다가 일어섰다가를 반복하며 가슴을 주먹으로 쳐댔다. 그러나 여전히 숨이 쉬어지지 않았다. 내가 나를 얼마나 때려야 살 수 있을까? 내가 나를 얼마나 쳐야 숨이 쉬어질까? 그 순간 울음소리를 숨기려 조그맣게 틀어놓았던 CD 플레이어에서 찬양 가사가 듬성듬성 내 귀에 들어오기 시작했다. 울다가 지쳐 한쪽에 쓰러진 것이다. 그날도 울 힘이 바닥나면서 처절한 몸부림은 멈췄다. 퉁퉁 부어오른 눈은 떠지지 않았다. 많이 울었구나 싶었다. 내가 많이 아프구나 싶었다. 머리카락은 젖어있는 얼굴과 목에 눈물과 콧물로 범벅이 된 채 달라붙어 있었다. 입고 있던 옷도 축축하게 젖어있었다. 만신창이가 된 나는 눈물과 콧물을 닦을 힘조차 남아있지 않았다. 그리고 쓰러진 채로 조용히 속삭였다.

"하나님……, 이젠 죽고 싶어요! 하나님……, 나 이제 죽고 싶어요! 그냥……, 하나님 품에 갈래요. 보고 싶은 우리 할머니한테 갈래요. 할머니……, 우리 할머니……, 내가 사랑하는 우리 할머니한테 갈래요. 그냥 나 갈래요……. 이젠 가고 싶어요!"

모든 것을 체념한 듯 몇 번이고 속삭였다. 얼마나 지났을까? 몸이 나른해지면서 잠이 스르륵 오고 있었다. 그때였다. 찬양의 가사 한 구절이 내 귀에 들어왔다.

"우리가 살아야 하는 이유~우리가 살아야 하는 이유는~우리가 살아야 하는 이유~"

멈췄던 울음이 갑자기 터져 나왔다. 놀란 것이다. 마치 내 속삭임에 응답이라도 하는 듯 뚜렷하게 말하고 있었기 때문이다. 살아야 한단다. 살아야 하는 이유가 있단다. 죽지 말고 살아야 한단다. 그래야 한단다. 내가 죽지 않고 살아야 하는 이유가 있단다. 놀란 가슴을 애써 추슬렀다. 다음 가사가 생각이 나질 않았다. 분명 그 이유에 대한 노랫말이 나왔을 텐데 기억이 나질 않는다. 나는 무거운 몸을 움직여 옆으로 돌아누웠다. 눈물이 또르르 콧등을 지나 반대편 눈으로 따갑게 스며들었다.

"할머니……."

나는 보고 싶은 할머니를 회상하기 시작했다. 여전히 나의 어린 시절은 할머니가 계셔서 따뜻했다. 기억 속 그날도 그랬다. 햇살이 길게 기지개를 켜면 연륜이 묻어나 반들거리는 마루 끝에 그 빛이 닿아 한참을 머물러 따뜻해졌다. 화단의 예쁜 꽃들이 하늘하늘 춤추는 마당에는 참새 세 마리가 바쁜 날갯짓을 하며 주어진 삶을 살아내고 있었다. 그 모습을 쫓고 있는 나의 어린 시선과 입꼬리는 평화롭게 반짝였다. 뒹굴뒹굴 누워서 오래된 마루가 내뿜는 정겨운 나무 냄새를 맡으며 한가로이 노는 시간이 행복한 나였다. 마루 끝을 데우고 있는 따뜻한 햇살이 좋았다. 나는 작은 손바닥을 펼쳐 그 따뜻한 온기를 몸 구석구석에 충전하듯 한껏 즐기고 있었다. 그때였다. 할머니가 부르는 소리가 들렸다.

"영순아! 영수나아!"

"예? 할머니~왜요?"

평소와는 다르게 묵직한 무게감이 느껴지는 할머니의 목소리에 뭔지 모를 긴장감이 느껴졌다.

"할머니, 왜요? 무슨 일 있어요?"

"영순아, 이리 와봐라! 이?"

마루에서 평화롭게 뒹굴뒹굴하며 따스한 햇볕을 즐기던 나는 빠르게 몸을 일으켜 할머니가 계신 아래채로 내려갔다.

"예? 뭔데요 할머니?"

"이, 이리 와 봐라! 할머니가 지금부터 하는 얘기 잘 들어야 헌다. 이?"

평소 같지 않은 할머니의 모습에 많이도 어색했지만 나는 진지한 할머니에게 집중했다.

"영순아~혹시나 이? 무슨 일이 있으면 혼자서 끙끙 앓지 말고 할머니한티 꼭 얘기혀 이? 아러찌? 무슨 일이 있으면 할머니한티 꼭 얘기혀야혀!"

도대체 이게 무슨 상황인지 어리둥절해진 나는 커진 눈을 껌뻑거리며 할머니의 얼굴만 뚫어지게 바라보았다. 할머니는 내 손을 꼭 잡으셨고 거칠었던 할머니 손의 느낌은 아직도 내 손에 흔적처럼 남아있다.

"할머니가 겉으로 요러케 보며는 그져어~힘도 읍써 보이고 약해 빠져 보이는 것 가터도 아녀어! 그렇지 않어! 강햐아! 할머니 강햐아! 할머니도 힘이 있어! 시상이 내가 내 새끼들 하나 못 지킬 정도로 약하간디? 내가 어뜨케 해서라도 내 새끼들은 꼭 지켜내지! 암, 그러치! 혹시나 무슨 일이 있으면 꼭 할머니한테 얘기 혀야 혀. 꼭 얘기 혀야 한다! 이? 알았지?"

할머니의 눈빛은 비장했다.

"예, 할머니."

"내가 어떤 일이 있어도 내 새끼들 눈에서 절대로 눈물 나게 안 할거니까는!"

할머니의 결연한 눈빛과 말투는 내 어린 가슴 속에 믿음이라는 큰 별이 되어 깊이 박혔다. 그랬다. 할머니는 어떻게 해서든 당신이 키우는 손녀들을 지켜내고 싶으셨다. 손녀들을 지키기 위해 힘을 내고 계셨다.

"내 새끼들 눈에서 절대로 눈물 나게 안 할거니까는……."

거뭇거뭇 검버섯이 넓게 핀 할머니의 마르고 고달픈 손이 내 머리를 정성스레 쓸어내렸다.

"시상이, 내 새끼……!"

나는 할머니의 따뜻한 품에 스며들고 있었다. 내 눈에서 눈물 나게 하는 일은 없을 거라고 말하는 세상에서 가장 강한 할머니 품에서 말이다.

'할머니……, 우리 할머니……, 보고 싶은 우리 할머니…….'

조금씩 마음에 안정이 찾아오고 있었다. 그렇게도 죽을 것처럼 몸부림치던 나는 차분해지기 시작했다. 역시나 할머니의 매직이었다.

"할머니, 나 오늘도 울었어요. 죽을 것처럼 힘들어서 울었어요. 이런 내 모습 보면 우리 할머니 너무 슬프겠다. 생각을 못 했네. 거기까지 생각을 못 했어. 내 눈에서 눈물 나지 않게 할 거라 했던 우리 할머니였는데 얼마나 슬펐을까? 내가 우는 모습 보며 얼마나 애통해 하셨을까? 안 울게. 울지 않을게. 이제는 울지 않을게. 노력해 볼게요. 다시 씩씩해져 볼게요. 할머니 마음 아프니까……. 나 우는 거 하늘에서 보면 할머니 맘이 너무 아플 테니까……. 나 이제 안 울게. 이겨내 볼게요. 알아요. 나 할머니가 그렇게나 아끼던 손녀였잖아!"

잊고 있었다. 까맣게 잊고 있었다. 그동안 고통에 허우적대느라 내가 어떤 사람이었는지 잃어버리고 있었다. 할머니에게 내가 어떤 존재였는지 그때서야 생각이 났다. 그 순간 신기하게도 쓰러진 내 마음에 힘이 들어가기 시작했다. 할머니가 그토록 지키려 했던 소중한 존재가 '나'였다는 것을 깨닫는 순간 말이다. 나는 그렇게 힘겨운 새벽을 이겨냈다.

혹시 지금 당신도 처절한 고통에 울고 있는가? 눈물을 닦아라. 그리고 행복하기를 선택하라. 지금 당신이 흘리는 눈물은 당신을 소중하게 여겼던 사람의 심장을 찢는 칼이 될 수 있다. 그러니 이젠 당신과 더 이상 어울리지 않은 그 눈물을 거두길 바란다. 그리고 당신을 옥죄던 고통에서 빨리 빠져나오라. 당신은 고통이 어울리는 사람으로 태어나지도 키워지지도 않았다. 행복의 권리는 당신에게 이미 주어졌다는 것을 기억하라. 그러니 행복하라!

당신을 위해 용서하고 편견 없는
세상을 위해 기억하라!

인생의 여정에서 우리는 다양한 사람들과 인연을 맺게 된다. 좋은 인연이든 그렇지 않든 죽을 때까지 함께 해야 하는 인연이든 그냥 스쳐 지나가는 인연이든 그 어떤 것이든 말이다. 인연을 만드는 과정에서 우리는 다양한 형태의 교류를 하며 그 관계에 맞는 기능적인 자신을 만들어 낸다. 이것을 다른 말로 하면 '페르소나'라고 할 수 있겠다. 페르소나란 그리스의 고대극에서 배우들이 쓰던 가면을 말하는데 심리학에서는 타인에게 비치는 용도로 만들어 낸 자신의 외적 성격을 나타내는 용어로 쓰이고 있다. '페르소나'라는 용어를 심리학 이론에 적용한 구스타프 융에 따르면 인간은 천 개의 페르소나를 지니고 있다고 말한다. 그리고 상황에 따라 적절한 페르소나를 쓰고 관계를 이루어간다고 주장한다. 개인이 사회생활에서 좋은 이미지로 살아남기 위해 스스로 만들어 낸 또 다른 자신의 성격, 역할, 모습, 이미지다. 즉 실제 자신의 성격이나 본연의 모습이 아니다. 사람들은 페르소나를 이용해 자신만의 독특하고 고유한 심리적 특성과 더불어 사회가 요구하는 것에 대해 적절한 균형점을 찾아가며 적응적으로 살아가고 있다. 그런 의미에서 사람을 소개할 때는 '그 사람은 이런 사람 입이다.'라고 말하는 것보다 '나에게 그 사람은 이런 사람 입이다.'라고 말하는 것이 더 정확하다고 할 수 있겠다. 앞서 이야기했듯 인간은 상대에 따라 페르소나를 바꾸며 교류하기 때문이다. 상호 간의 복잡한 교류패턴을 분석하여 틀어진 관계를 개선하고 회복시키기 위해 자아 상태를 바꾸어 관계가 잘 기능할 수 있도록 만든 치료법이 심리학자 에릭 번의 교류 분석이다. 대상에 따라 달라지는 교류패턴! 당신은 과연 누구에게 어떤 페르소나로 어떤 교류패턴을 사용하고 있는가? 이제 당신은 인간이 대상에 따라 페르소나를 바꾸며 제각기 다른 패턴의 교류를 한다는 것을 알게 되었다. 때때로 사회적 관계에서 요구되는 역할에 심취하고 오랜 기간 치우쳐 있게 되므로 정작 자신의 진짜 모습을 잃어버리기도 한다. '과연 나는 누구인가?' '진짜 내 모습은 어떤 것인가?' 끝없는 질문을 자신에게 던지며 치열하게 본연의 모습을 찾는 사람들이 많아지는 이유다. 자신을 찾기 위한 갈망으로 여러 심리검사 도구의 도움을 받기도 한다. 자신이 누구이며 어떤 사람인지 아는 것은 매우 중요하다. 왜냐하면 타인에 의해 자신이 정의되지 않기 위해서다. 사람들은 상대를 알기 위해서 꼭 교류를 선택하는 것은 아니다. 상대방이 가지고 있는 배경을 보고 그 사람이 누구인지 또 어떤 사람인지 지레짐작하며 정의하기도 한다. 이런 경우는 조심해야 한다. 사람이 가진 배경을 보고 결론을 내린다는 것은 그 안에 편견이 들어가 있기 때문이다. 그래서 정확하게 그 사람을 안다고 할 수 없다. 이런 경우 자신에 대한 정의가 확실치 않으면 타인이 말하는 내가 될 수밖에 없다. 진짜 자신으로 살지 않으면 타인이 만들어 준 나로 살아가게 된다. 그러다 보면 어느 순간 어떤 모습이 진짜 내 모습인지 혹시라도 내가 모르는 내 모습이 있는지 고민하며 찾게 된다. "너는 이런 사람이야. 몰랐어?" 어떤 모습이 진짜 내 모습일까? 어떤 모습이 진짜 당신의 모습일까? 점점 만나게 되는 사람들에게서 쏟아지는 평가나 판단, 생각들에 집착하게 된다. 타인에게 휘둘리게 되는 것이다. 그러다 책임감 없이 무분별하게 쏟아지는 독과 같은 말들로 인해 자존감을 다치게 되거나 자신감이 바닥으로 내쳐지고 상처를 받게 된다. 심하면 삶 전체가 송두리째 흔들리는 결과를 가져오기도 한다. 멀쩡한 사람을 죽음으로 몰아가기도 하고 죽어가는 사람을 살리기도 한다.

제멋대로 해도 상관없는 만만한 상대에겐 필터 없이 독설을 퍼붓기도 한다. 그리고 기억하지 못한다. 자신이 내뱉은 말로 상대가 어떻게 되든 상관이 없다는 얘기다. 원래 그런 유형의 사람들은 타인의 감정이나 안위 따윈 관심 없다. 그냥 그때 자신의 불편한 감정을 상대에게 쏟아부어 해결할 뿐이다. 그야말로 타인을 자신의 감정 쓰레기통으로 사용한 것이다. 그뿐이다. 당신은 지금껏 살아오면서 당신의 삶을 휘청이게 할 만큼 부정적인 말을 들어 본 적이 있는가? 너무 충격적이어서 시간이 지날수록 더 뚜렷해지는 말이 있는가? 나는 평생 기억에서 지워지지 않을 것 같은 타격감이 큰 말을 들었던 적이 있다. 어쩌면 누군가에겐 별것 아닌 것처럼 느껴질 수도 있겠다. "뭘 그런 말을 가지고 그래? 신경 쓰지 마!" "나는 그것보다 더한 말을 들었어도 아무렇지 않게 잘 살아가는데 뭐! 너무 예민한 거 아니야? 유난 떨 것 없어!" 그 누가 어떤 말을 하든 상관없다. 이미 나에게는 치명적일 만큼 최악의 독설이었으니까. 나는 내 귀를 의심했었다. 아마도 자신의 우월함을 드러내며 구원자 놀이를 하고 싶었던 모양이다. 나의 찬양이 뒤따랐으면 그야말로 환상이었겠지만 나는 그 순간 모든 것이 멈춰버렸다.

"니 네 엄마도 너를 버렸는데 나까지 그랬으면 니 인생 어떻게 됐겠냐?"

"걔는 내 인생의 십자가야!"

세상에는 귀하지 않은 존재란 없다. 그리고 쓸모없는 존재도 없다. 신은 인간을 그렇게 만들지 않았다. 그리고 그렇게 태어나는 사람도 없다. 단지 세상으로부터 그렇게 낙인찍힐 뿐이다. 한 사람을 버려진 존재로 짐짝 같은 쓸모없는 존재로 여긴다는 것은 그 자체로 폭력이다. 세상은 아직도 이혼가정의 자녀들을 보면 한쪽 부모로부터 버려진 존재라고 생각한다. 그러나 이것은 외형만 보고 판단하는 아주 단순한 관점일 뿐이다. 깊은 속사정까지 이해하지 않은 단편적인 판단일 뿐이다. 자녀가 한쪽 부모와 헤어질 수밖에 없는 이유에는 여러 가지 복잡하고 다양한 상황이 포함되어 있다. 그러니 단편적으로 생각하고 판단해서는 안 된다. 보통의 성숙한 부모라면 자신의 생명처럼 소중한 자녀를 버리지 않는다. 일반적으로 건강한 부모라면 말이다. 책임감을 가지고 사랑하는 자녀를 끝까지 지키려 한다. 배우자와 헤어진다고 해서 자녀를 마치 물건 버리듯 하지 않는다. 그런 일은 상상할 수도 없는 일이다. 그렇다고 해서 버려지는 아이가 아예 없다는 말이 아니다. 내가 가장 우려하는 것은 이혼가정의 자녀를 버려진 존재로 단편적인 관점에서 일반화하려는 편견에 대한 것이다. 알고 있다. 안타깝게도 실제 버려지는 경우도 적지 않다. 이혼으로 헤어지는 배우자의 마지막 복수의 수단으로 자녀가 떠넘겨지고 이용되기도 한다. 새 출발을 제약하거나 방해하는 걸림돌 취급하며 상대 배우자에게 보내지기도 한다. 서로 자녀를 책임지지 않으려 하는 바람에 결국 조부모나 친척, 보육원에 맡겨지는 경우도 있으니 말이다. 다양한 형태로 버려짐을 당하기도 한다. 그렇다고 해서 모든 경우를 싸잡아 일반화시키는 것은 있을 수 없다. 이는 이혼가정 자녀들의 건강한 성장에 치명적이기 때문이다. 내가 버려진 존재라는 이야기를 들었을 때 적잖게 충격을 받고 순간 모든 것이 정지된 느낌을 받았던 것은 사실이다. 그러나 인정하진 않았다. 왜냐하면 나는 한 번도 버려진 적이 없었고, 버려진 존재로 자란 적도 없었기 때문이다.

그 후 나에겐 깊은 고민이 시작되었다. 적지 않은 나이의 성인이었음에도 버려진 존재라는 소리를 들었을 때의 그 타격감이란 진심 강력했기 때문이다. 만약 어린 나이에 누군가를 통해 이런 말을 듣게 된다면 그 충격을 가히 감당할 수 있겠느냐는 말이다. 정말이지 생각만 해도 소름 끼치게 끔찍한 일이다. 내 생각과는 상관없이 얼마든지 누군가로 인해 내가 버려진 존재가 될 수 있다는 것에 충격이기도 했고 당황스럽고 화가 났지만, 한편으로는 이런 경험을 통해 그 심각성을 깨닫게 되는 계기가 되었다는 점에서 다행이라면 다행이었다. 이제라도 알게 되었으니 대처할 방법을 고안해내면 되는 것이니 말이다. 많은 연구와 심리학이나 상담학 등의 서적에서 이혼가정 자녀들의 유기 불안이나 유기 공포에 대해 언급하는 경우가 많다. 부모의 이혼 사건을 경험하는 과정에서 느낄 수 있는 유기 공포나 상실감이 불안이나 우울 더 나아가 성격장애에까지 영향을 미칠 수 있기 때문이다. 유기 불안이나 유기 공포란 주요한 대상으로부터 버려짐을 받는 것에 대한 두려움이나 불안함을 느끼는 주관적인 감정 상태를 말한다. 자신을 지켜주고 보호해 주어야 하는 부모 또는 중요한 사람들로부터 버려질 것 같은 이 느낌은 극도의 불안함과 두려움을 유발하게 된다. 그에 따른 부작용은 심리, 정서, 행동, 신체를 통해 나타나기도 하고 성격에도 영향을 준다. 물리적인 유기를 당하지 않았다 하더라도 부모님의 이혼을 직접 경험하는 과정에서 자녀 스스로가 미움받을 것 같고 버려질 것 같은 걱정과 두려움으로 인해 극도로 불안해질 수 있다. 굳이 부모의 이혼이 아니더라도 중요한 대상으로부터의 유기 불안은 일상에서도 얼마든지 경험할 수 있다. 또 외부의 편견으로 인해 부모에게서 버려진 존재로 낙인이 찍혀 그렇게 믿게 되는 경우도 있다. 나의 경우처럼 말이다. 이렇듯 부모의 이혼을 경험한 자녀에게서 유기의 이슈는 매우 조심해야 하는 민감한 부분이다. 따라서 섣불리 편견의 잣대로 접근해서는 안 된다.

앞서 말했듯이 나는 이혼가정 자녀들을 돕기 위해 상담과 임상 심리 공부를 시작한 사람이다. 일본에서부터 시작해 지금까지 계속 같은 길을 걷는 중이다. 긴 세월 뚝심 있게 한 길을 간다는 것은 결코 쉬운 일은 아니었다. 생각대로 진행되지 않는 여정에 조급함은 늘 밑바닥에 깔려있었고 변변치 않은 내 실력에 대한 실망감으로 화가 날 때도 있었다. 유독 나에게만 더디게 다가오는 것 같은 성장에 답답함과 짜증이 밀려오기도 했고 경제적으로 뒷받침되지 않는 현실에 원망도 했었다. 이렇게 고군분투하는 나에게 어차피 방향이 확실한데 뭘 그리 속도에 목숨을 거냐고 말할 수 있겠지만 이번 일처럼 누군가로부터 부모에게 버려진 존재로 낙인찍히는 사건을 경험할 때면 조급함이 더 강하게 밀려오는 것은 어쩔 수 없는 일이다. 어떻게 해야 할까? 내가 지금 무엇을 해야 빠르게 파급력을 올려 내 도움이 필요한 사람들에게 선한 영향력이 흘러갈 수 있도록 할 수 있을까? 내가 상담을 공부한 주된 목적이 무엇인가? 굳이 이 시점에서 상담이어야 하는 이유는 무엇인가? 꼭 상담이어야 하는가? 이혼가정의 성장을 돕기 위한 것이라면 굳이 상담이 아니어도 괜찮지 않은가?

나는 매일 매시간, 매 순간을 고민하기 시작했다. 그랬다. 꼭 상담일 필요는 없었다. 그러다 나는 무릎을 탁! 쳤다. 음악이었다! 책이었다! 그리고 강의였다! 이 세 가지가 내 머릿속을 훅 뚫고 들어왔다. 나는 좀 더 속도를 높이고 싶었다. 파급력도 높이고 싶었다. 굳이 더디게 가는 상담의 길만 고집하며 애를 태울 것이 아니었다. 이혼가정의 성장을 돕는 일은 한 가지 방법만 있는 것이 아니라는 깨달음과 함께 열정의 불씨가 당겨진 것이다. 한시가 급했다. 이혼가정의 어린 자녀들이 당하기에는 너무 무섭고 충격적이며 치명적인 상처를 입힐 것이 뻔했기 때문이다. 나는 음악을 무척이나 좋아하는 사람이다. 음악이 주는 그 막강한 치유의 힘도 너무 잘 아는 사람이다. 그래서 첫 번째 이혼가정 성장 프로젝트로 이혼가정의 자녀를 위한 노래를 만들기로 했다. 내 이야기를 직접 가사에 담고 전문가의 도움을 받아 음원과 음반을 제작하기로 마음을 먹는 순간 심장이 몸을 흔들 정도로 강하게 뛰기 시작했다. 설레었다. 흥분되고 기분이 좋아 날아갈 것만 같았다. 현실적으로 노래 한 곡을 만들기 위해 대충 얼마의 비용이 드는지 정확하게는 알 수 없었으나 내가 꼭 해야만 하는 일이라 생각했기에 거침없이 시작할 수 있었다. 매일 가사 쓰는 것에 몰입하기 시작했다. 가사를 처음 쓰는 것이라 제대로 하고 있는지조차 알 수 없었다. 하지만 음악전문가라면 이런 것쯤은 교정해가며 곡을 만들 수 있을 거라는 믿음이 있었고 겁 없이 시작할 수 있었다. 누구나 처음 시작은 있으니 말이다.

나는 가사를 썼다 지우기를 반복했고 긴 문장들의 뜻을 잘 반영한 함축적인 단어들을 골라 간단히 줄이는 작업도 했다. 그렇게 한 곡 한 곡의 가사가 완성되어 갔다. 이제는 곡을 만들고 편곡하고 믹싱, 레코딩, 마스터링 등의 절차를 걸쳐 앨범으로 만들어내는 작업이 남았다. 이것은 전문가의 영역이었다. 감사하게도 내 곁엔 현재 음악 프로듀서로 활동하는 친구가 있다. 이 중요한 시점에서 이 친구가 곁에 있다는 것은 기가 막힌 행운이 아닐 수 없다. 그는 CCM 계에서는 모르는 사람이 없을 정도로 인지도가 높다. 그동안 서로 결혼도 하고 아이도 낳고 각자 주어진 삶을 살아내느라 거의 18년 만에 연락하게 된 것이었다.

"권희야! 네가 날 좀 도와줘야겠어."

"뭐야~~나이 들어서 웬 음반이야!"

마치 늘 연락해 왔던 것처럼 낯설지 않은 까칠함으로 너스레를 떠는 그 친구가 고맙고 반가웠다. 나는 왜 노래를 만들어야 하는지 친구에게 진지하게 이야기했다. 그는 흔쾌히 수락했고 내가 쓴 가사로 노래 제작을 시작했다. 그때 나는 음반 제작에 보통 얼마만큼의 돈이 들어가는지 알게 되었고 깊은 고민에 빠지지 않을 수가 없었다. 노래를 만들기 위해 함께 하는 사람들의 유명세나 전문성 등을 고려해 볼 때 나 같은 사람은 엄두도 내지 못하는 규모였기 때문이다. 나는 고민 끝에 엄마가 상담센터 할 때 보태라고 주셨던 돈을 과감히 쓰기로 했다. 사실 나는 그 돈으로 박사과정을 준비하고 있었다. 그러나 우선 음반 제작을 먼저 하기로 했다. 최소한으로 들어가는 돈에 비하면 어림도 없는 금액이었으나 나는 친구에게 '친구 찬스'를 부탁했다. 코로나19 상황에서 전 세계가 경제적으로 어려운 것을 알기에 그 친구에게는 너무 미안했다. 그러나 나는 꼭 이혼가정의 자녀들을 위한 치료음반을 만들어야 했고 감사하게도 그 친구는 나의 뜻에 동참해 주었다. 든든한 동역자가 되어주었다. 음반과 음원이 나오고 난 후 음악을 하는 또 다른 지인을 통해 안 사실이지만 이 앨범을 만든 제작자들 스텝들이 인지도 높은 전문가들이라는 것이다. CCM계에서 내로라하는 전문가들이었다. 나의 어려운 부탁에도 불구하고 높은 수준의 음반과 음원을 만들어 준 속 깊은 그 친구에게 너무너무 고맙고 미안했다. 밀려오는 감동에 울어버렸다. 무지함을 무기로 달려들었다는 생각에 창피하기도 했다. 그리고 보니 예전에 그 친구가 했던 말이 생각이 난다. "나는 아무리 형편이 어려워도 하나님께는 최고의 것만 드린다!" 그 친구의 신념이었다. 어떤 상황에서든 최고의 음악을 만들겠다는 그 고집이 지금의 그를 있게 만든 것이 아닐까 생각한다. 정말 멋진 친구고 이 음악 세계에 꼭 필요한 사람이라는 생각이 든다.

가수를 섭외했다. 녹음하는 날 가사에 써 내려간 내 진정성을 그대로 목소리에 담아 온 힘을 다해 불러주는 그분들의 모습에 나는 눈물이 날 지경이었다. 감사했다. 가슴이 뭉클했고 감동이었다. 누군가 자신의 진정성을 알아봐 주고 진심으로 공유하며 하나로 연결되는 순간 느낄 수 있는 소름 끼치지는 감동과 카타르시스를 경험해 본 적이 있는가? 어쩌면 세상은 이런 나에게 미쳤다고 할지도 모르겠다. 쥐뿔도 없으면서 큰 돈 들여가며 잘 팔릴지도 모르는 심리치료 음반을 낸다고 말이다. 세계가 코로나19라는 팬데믹에 빠져 경제적으로 어려운 상황에서 딴짓을 한다고 할지도 모르겠다. 사실 내 입장에서는 백 퍼센트 틀린 말도 아니다. 그러나 신념은 무서운 것이다. 신념을 지켜내기 위해 목숨도 바치지 않는가! 나는 외치고 싶었다. 특히 나이가 어린 친구들에게 말해 주고 싶었다. 제발! 자신을 버려진 쓸모없는 존재로 함부로 대하지 말라고! 세상이 말하는 거짓된 왜곡과 일그러진 편견 속에서 휘둘리지 말고 빨리 빠져나와야 한다고! 그것은 우리를 위협하는 범죄일 뿐이라고! 자체로도 소중한 우리의 존재를 쓸모없고 버려진 쓰레기 취급하는 말 들에 더 이상 속지 말아야 한다고! 이제는 그만해야 했다. 자신을 버려진 사람으로 함부로 취급하는 것을 멈춰야 했다. 그 무서운 생각들이 한 사람의 소중한 인생을 어떻게 망가뜨릴지는 경험하지 않고서도 불 보듯 뻔한 일이기 때문이었다. 그래서 더 조급해졌다. 빨리 만들어내야 했다. 이후 나의 고군분투하는 모습 속 진심을 알아주고 여러 가지 모양으로 함께하는 사람들이 생겨났다. 감사했다.

그렇게 여러 가지 과정을 거쳐 알토랑 같은 노래들이 드디어 완성됐다. '빛나라', 'U&ME', '그건 내가 결정해', '나는 당신이 만든 기적이죠'. 총 네 개의 노래가 그 특별한 존재감을 당당히 세상에 드러냈다. 나는 지금도 그 감격스러웠던 순간이 생생하다. 평생 기억에 남을 것이다. 새롭게 제작되는 다른 곡들도 마찬가지겠지만 이 노래들은 내게 의미가 깊고 특별하다. 이혼가정에서 자란 나의 실제 사례를 가사에 녹여 넣은 내 이야기다. 그래서 더 정직하려 했고 더 진심을 담아 당신에게 다가가려고 노력했다. 이혼가정의 자녀라면 게다가 나와 비슷한 환경이었다면 공감할 수 있는 부분이 많을 것이다. 그리고 이혼가정 자녀들의 심리치료를 위해 제작된 국내 최초 심리치료 음반이라는 특별함이 있다. 어쩌면 세계 최초일 수도 있지 않을까 하는 생각도 든다. 상담과 임상 심리를 전공한 이혼가정 출신의 사람이 자신의 사례로 제작한 이혼가정 자녀 심리치료 음반이라는 점에서 그 의미가 깊다. 심리상담 장면뿐만 아니라 그 어떠한 장면에서도 필요한 곳 어디에서든 유용하게 쓰이며 이혼가정 자녀들을 위로하고 치료하고 성장케 하고 세우기 위한 역할을 잘 할 수 있기를 간절히 기도한다.

곡마다 당신에게 전하고 싶은 메시지를 각각 구분하여 담았다. '빛나라'는 첫 번째 곡으로 CCM 장르다. 이혼 가정의 자녀들에게 쏟아지는 세상의 왜곡된 편견으로 인해 깨져버린 자기 모습을 다시 회복하고 소중한 생명을 함부로 대하는 일이 없기를 바라는 마음으로 썼다. 태초에 지어진 아름다운 모습으로 다시 '회복'하자는 메시지를 가지고 있다. U&ME는 두 번째 곡으로 발라드 장르이며 부모의 이혼 과정을 경험하는 자녀들의 상실감과 상처들을 그리고 있다. 부모의 이혼이 곧 자신이 버려졌다는 것을 의미하지 않으며 부모는 비록 헤어졌으나 우리에게 향한 사랑은 변함이 없다는 내용이다. 따라서 예전의 모습 그대로 나답게 살아가도 된다는 '위로'의 메시지를 담았다. 세 번째 '그건 내가 결정해'는 록의 장르로 이혼가정의 자녀들에게 쏟아지는 다양하고 불편한 편견에 당당히 맞설 수 있는 힘과 용기, 그리고 지식과 지혜가 필요하다는 내용이다. 이미 우리 안에 있는 무한한 가능성을 믿고 주도적인 삶을 살며 얼마든지 밝은 미래를 꿈꿀 수 있는 소중한 가치를 지닌 우리임을 이야기하고 있다. 이 곡에서는 밝은 내일의 '희망'을 노래하고 있다. 끝으로 네 번째 '나는 당신이 만든 기적이죠'는 앨범의 대표곡이다. 부모의 이혼으로 인해 할머니 손에서 성장한 이야기를 다루었다. 할머니와의 추억을 바탕으로 가사를 썼고 할머니 손에 자라면서 가장 많이 들었던 말을 곡의 마지막 부분 내레이션으로 녹음해 넣었다. 할머니를 가장 많이 닮았고 돌아가시기 전 연세와 비슷했던 큰 고모님께 부탁드려 녹음했다. 고모님은 녹음하시던 중 울컥하셔서 목소리가 떨리기도 했다. 그것을 고스란히 곡의 마지막 부분에 넣었다. 이혼한 부모를 대신해 안전하고 따뜻한 사랑의 환경을 만들어 주는 어른이 딱 한 사람만 있어도 힘든 시간을 잘 견디고 극복할 수 있다고 말하고 있다. 오히려 더 깊고 단단하며 자기 경험으로 남을 도울 수 있는 선한 영향력의 사람으로 성장할 수 있다는 '성장'의 메시지를 담고 있는 노래다.

그렇다. 세상이라는 무대 위에서 자유롭게 춤을 추기엔 아무래도 우리는 불리한 신체적 배경을 가졌다. 그래도 요즘엔 인식이 많이 좋아졌다고는 하지만 현실의 벽 앞에 맥없이 무너져 힘들어하는 이혼가정 자녀들의 사연을 듣게 된다. 세상의 엄격하고 까다로운 잣대 앞에서 어쩔 수 없이 무릎을 꿇어야 하는 경우도 생기는 것이다. 그러나 알고 있는가? 세상은 우리뿐만 아니라 모든 사람에게 공평하지 않다. 그러하기에 더욱 우리의 힘으로 어쩔 수 없었던 일들에 대해 원망하지 않아야 한다. 원망만 하며 아까운 세월을 보낸다면 이 얼마나 억울한 일이겠는가! 이혼가정의 자녀라는 사실이 세상을 살기 어렵게 한다면 더욱 과감해지길 바란다. 당당해지길 바란다. 손바닥 뒤집듯 세상 편견을 지금 당장 뒤집을 수는 없겠지만 우리의 마음과 우리의 태도는 바꿀 수 있지 않은가! 위축되지 마라! 우리는 세상이 말하는 것처럼 버려지지 않았다. 이것은 단순하고 편파적인 생각일 뿐이다.

부모가 서로 헤어진 것을 우리가 버려졌다고 생각해서는 안 된다. 그런 일이 일어나지 않길 바라지만 인간이 완전한 존재가 아닌지라 혹시라도 한쪽 부모로부터 버려진 것이 확실하다 할지라도 슬퍼하거나 좌절하지 마라! 끓어오르는 분노로 당신을 스스로 태우지 마라! 최소 우리는 열 달 동안 엄마의 뱃속에서 지켜진 존재들이지 않았던가! 우린 또 다른 한쪽 부모로부터 지켜졌고 조부모와 친척으로부터 지켜졌고 선생님, 친구들, 보호시설로부터도 지켜졌다. 이제는 당당히 내가 나를 지킬 수 있는 성인이 되었지 않은가! 지금 당신과 내가 이렇게 살아있다는 것이 그 증거다! 보라! 그 어떤 대상이든 우리를 지켜줬기 때문에 현재의 당신과 내가 있는 것이지 않는가! 그러니 한쪽으로 치우친 부정적인 시선에만 함몰되어 휘둘리지 않길 바란다. 혹, 지금 하는 말을 믿을 수 없다면, 믿어지지 않는다면, 또 인정할 수 없다면 당신이 믿겨질 때까지 내가 이야기할 것이다. 우리는 결코 버려짐을 당하지 않았다! 우리는 버려진 존재가 아니다! 우리가 통제할 수 없는 타인의 부정적인 시각과 무책임하게 내던져지는 쓰레기 같은 말과 생각과 행동으로 인해 상처받지 않기를 간절히 바란다. 우리의 소중한 인생을 그들로 인해 망가뜨릴 수는 없는 일이다. 나는 내 가슴을 강타했던 최악의 말을 지금도 뚜렷이 기억한다. 그때의 분위기, 독설을 퍼붓던 그 사람의 자세와 태도, 말투와 표정 모두 생생하게 기억한다. 사실 잊을 수가 없다. 내게 뜨거운 분노가 올라왔었고 절대 용서할 수 없을 것 같았다. 그 사람의 표정과 말투에는 마음대로 사람을 다룰 줄 아는 연륜의 여유로움과 어떻게 해야 상대를 제압하고 영혼까지 피폐하게 만들 수 있는지 잘 아는 사악함으로 가득했기 때문이다. 그러나 나는 이해하기로 했다. 그리고 용서하기로 했다. 그래야 그 사람의 독과 같은 말이 더 이상 내 인생에 들어와 이리저리 휘두르는 힘을 갖지 못하기 때문이다. 그 사람을 위해서가 아니라 나를 위해서다.

그러나 나는 기억할 것이다. 그 사람의 독설이 나를 깊게 성장시키는 계기가 되었고 그로 인해 결과적으로 이혼가정 자녀들의 치유와 성장을 위한 음원과 음반이 제작되었기 때문이다. 지금 이 책을 쓰게 되는 불쏘시개 역할까지 했으니 그런 면에서는 고마운 일이라 할 수 있지 않겠는가! 그러니 나는 우리의 깊은 성장과 더 좋은 미래를 위해 기억할 것이다.

당신은 용서할 수 있겠는가? 용서하라! 당신을 위해 용서하고 편견 없는 세상을 위해 기억하라! 그리고 깊게 성장하라! 이것은 우리가 인생의 주인공으로 살기 위함이다.

당신이 누군지 증명하려 애쓰지 마라!

당신은 누군가의 인정을 받기 위해 애써본 적이 있는가? 혹 당신이 어떤 사람인지 증명해야 하는 자리가 있었는가? 당신을 함부로 하는 사람 앞에서조차 당신이 좋지 않은 사람으로 비추어질까 두려워 참아내야 했던 경험이 있는가? 만약 있다면 그 이유는 무엇이었나? 무엇이 당신을 그렇게 만들었나? 무엇 때문에 타인의 인정이 필요했고, 자신을 증명하려 애써야 했는가? 인간은 인정받고 싶고 사랑받고 싶은 기본적인 욕구를 지닌 채 살아간다. 엄마에게 사랑받고 싶어 애정 공세를 펼치는 어린 자녀이든 아버지에게 당당히 인정받고 싶은 청년이든 인생의 중심에 선 중년이든 삶의 모든 것에 초연해진 노인이든 연령대와는 상관없이 중요한 대상으로부터 인정과 사랑을 받기 위해 애를 쓰며 살아간다. 나도 그렇고 당신도 그러하다. 내가 이렇게 말하는 이유는 지금 굳이 인간의 기본적인 욕구에 대한 이론을 다루려는 것이 아니다. 내가 왜 타인의 인정을 받기 위해 부단히 애를 써야만 했는지 왜 군이 내가 지금껏 어떤 삶을 살아왔고 어떤 사람인지를 증명할 수밖에 없었는지에 대한 좀 더 특별한 이야기를 하고자 한다.

결혼을 생각하며 한사람과 교제를 시작할 당시 나는 일본에서 위암 수술을 받고 회복을 위해서 잠시 한국에 들어와 있는 상태였다. 이것은 의학적으로 완치판정을 받는다고 할지라도 암 재발 우려에 대해 평생 노출될 수밖에 없는 건강상의 취약성을 지녔다는 의미이기도 했다. 나는 부유하지도 않았다. 그렇다고 남들이 탐낼만한 학력도 직업도 가지고 있지 않았다. 게다가 나는 상대보다 나이가 많았으며 결정적으로 나는 이혼가정의 자녀였다. 그래서 이런 조건이 뭐 어때서? 라고 거리낌 없이 쿨하게 말하는 사람이 있을지도 모르겠다. 하지만 세상의 까다롭고 높은 기준에서 본다면 내가 가진 외형적 조건은 결코 환영받을 만한 것이 아니었다. 그렇다. 당신도 이미 짐작했듯이 나는 어렵고 힘든 결혼을 했다. 다른 조건들은 내가 어찌어찌해서 노력이라도 한다면 좋아질 것들이었지만 이혼가정의 자녀라는 타이틀은 그 어떤 노력에도 해결될 수 없는 것이었고 늘 족쇄처럼 따라다니며 나를 꼼짝 못 하게 만들었다. 그럴 때마다 나는 무력감과 좌절을 경험해야 했다. 상대의 부모는 내가 누군지 어떤 사람인지 지속해서 알기를 원했고 끊임없이 확인하려 했다. 나는 교제 시작부터 반대에 부딪혔고 아프고 힘든 과정을 가까스로 넘어가며 내가 누구인지 어떤 사람인지 어떻게 살아왔는지를 끊임없이 증명해야 했다. 외적인 조건이야 굳이 증명하려 애쓰지 않아도 결과적으로 선명하게 보이는 것이지만 사람의 됨됨이라든지 성격, 성품, 신념 등 내가 지닌 내적 가치에 대한 것을 증명해 보이기란 절대 쉽지 않았다. 그만큼의 노력과 시간이 필요한 부분이었으니 말이다. 그 당시 나는 나를 향했던 날카로운 편견을 감수하면서도 지키고자 했던 것이 있었다. 그것은 바로 나를 키워주신 할머니에 대한 명예가 훼손되지 않도록 하는 것이었다. 비록 부모님은 헤어졌지만 대신 할머니가 당신의 마지막 인생까지 갈아 넣으며 나를 바르게 키우신 것을 알리고 싶었다. 그러나 마치 넘지 못할 벽에 부딪힌 것처럼 어림없었다. 결혼을 앞둔 시점에서도 나에게 던져지는 질문들은 내 가슴을 후벼팠다. 아픈 현실이 원망스러워 눈물이 쉴 틈 없이 흘러내렸고 아빠 앞에서 아이처럼 엉엉 울고 말았다. 그러나 나는 견뎠다. 어찌 됐든 이제는 가족이라는 끈으로 엮이게 되는 것이었기에 나는 견뎌내는 것을 선택했다. 그리고 결심했다. 결혼하고 살면서 진짜 내가 누구인지 보여드리면 된다고 말이다. 비록 부모가 서로 헤어진 가정에서 자란 사람이지만 걱정하고 우려하는 것처럼 막돼먹은 사람이 아니라는 것을 보여드리기로 한 것이다. 그때부터 나는 최선을 다해 좋은 며느리가 되기로 굳게 다짐했고 그렇게 나의 참아내기, 견뎌내기가 시작되었다.

공교롭게도 내가 선택했던 참고 견뎌내는 삶은 어릴 때부터 보았던 할머니의 삶과도 비슷했다. 나도 잘 할 수 있겠지? 할머니가 말씀하셨던 참고 견뎌내는 삶을 나도 살아낼 수 있겠지? 반드시 그렇게 해야겠지? 할머니가 나를 이렇게나 잘 키워주셨다는 것을 당당하게 증명해 보여야겠지? 부모의 이혼을 경험했어도 그 누구보다 성실하고 정직하게 잘 살아내는 사람이 있다는 것을 확인시켜야겠지? 그래야겠지? 진심은 언젠간 통하는 법이니까 진심으로 다가가면 깨닫게 되겠지? 내 깊은 마음을 알아주겠지? 나는 끊임없이 나를 증명해 보이기 위한 많은 생각들과 다짐들로 머릿속을 가득 채우고 있었다. 참고 견디며 증명하는 삶을 선택한 나는 죽을 것같이 힘든 순간들도 괜찮은 척 버티며 살아갔다. 내면에서 외쳐대는 절규조차 억압했던 나는 서서히 병들어 갔다. 아무도 내 편이 되어주지 않는 공동체 속에서의 내 존재는 마치 공중에 흩어지는 먼지처럼 흔적도 없이 사라지곤 했다.

야속하게도 시간은 내가 병이 들어 죽어가든 말든 상관없이 아무 일도 일어나지 않은 것처럼 흘러가고 있었다. 매년 뒷산에 찾아오는 사계절은 따뜻한 땅의 봄기운을 나무뿌리로 흘려보내 연분홍의 벚꽃을 세상 가득 피우고 있었고 여름이면 짙은 초록색의 청량한 물결로 보는 이의 가슴을 설레게 했다. 한쪽에 벌레가 먹어 떨어진 빛바랜 나뭇잎조차도 예쁜 작품처럼 보이는 가을의 마법이 찾아왔고 아기 눈사람을 만들어 냉장고에 넣고 어떡하든 살리고 싶은 어린 딸아이의 동심을 선물했던 겨울도 흘러갔다. 그러나 그 아름다운 사계절이 주는 행복 속에 나는 없었다. 아무리 찾으려 노력해도 내가 보이지 않았다. 결혼과 함께 새로운 가족이라는 것이 생겼으나 그 안에 나는 없었다.

진심은 언젠간 반드시 통한다고 믿어왔다. 그래서 매 순간 나는 진심이었다. 감동을 주고 싶었다. 지금껏 경험해 보지 못한 추억을 만들어 주고 싶었다. 특별한 날이 되면 거실에 온통 풍선아트를 했고, 한쪽 벽 전체에 프린트로 뽑은 글자 하나하나를 오려 붙여 하트 편지 보드를 만들었다. 만삭의 몸으로 하루 전 새벽에 높은 식탁에 올라 작업하는 과감함을 불사하면서 준비하기도 했다. 이런 것 한번 시작하면 계속해야 하는데 괜히 일을 복잡하게 만든다는 식의 짜증이 섞인 말과 핀잔을 받기도 했다. 그러나 나는 힘들지 않았다. 상대가 기뻐할 모습을 상상하니 좋았고 즐거웠고 설레었다. 진심이었으니 가능했던 일이었다. 마음에 없는 일은 억지로라도 하지 못하는 내 성향이기도 했다. 잘 치지 못하는 기타를 한 달간 연습해 딸의 플롯과 합주하며 축하하기도 했다. 편지를 쓰고 사진을 꾸미고 여러 가지 깜짝 이벤트를 했다. 단지 생각하는 것보다 좋은 사람이라고 나를 증명해 보이려 하는 것 그 이상이었다. 이혼가정에서 자란 사람이었기에 염려할 수도 있을 편견을 내려놓을 수 있도록 하고도 싶었다. 그러나 분명한 것은 내 안에 감사함이 있었고 이에 보답하려는 마음이 더 컸다는 것이다. 그렇게 나는 인정을 받고 나를 증명하려 애쓰는 것 이상의 가치를 추구하고 있었다. 이런 나를 특별하게 보는 시선도 있었다. 이벤트의 재료를 사기 위해 자주 들렀던 가게 사장님은 그날도 단골손님인 나를 반갑게 맞이했다.

"제가 이 장사를 10년 넘게 했는데요. 자식들 백일이나 돌잔치나 생일 이벤트를 한다고 풍선을 사 가는 사람은 봤어도 몇 년간을 시부모한테 이벤트 하겠다고 사 가는 사람은 손님이 처음이네요. 아무래도 손님은 다른 사람들하고는 뭔가 다른 것 같아요. 진짜 특별한 사람인 것 같아요. 허허허."

감사하다는 인사를 했다. 누군가에게 자신이 특별한 존재로 보인다는 것은 참으로 기분 좋은 일이 아닐 수 없다. 그 대상이 누구이든 말이다.

그런 나를 볼 때마다 가슴에 폭 안아주시는 마음 따뜻한 분이 계셨다. 만날 때마다 나의 마음은 요즘 어떤지 괜찮은지 세심하게 물어봐 주었고 잘하고 있다는 응원과 함께 그때그때 필요한 힘을 주었다. 그날도 그랬다.

"세상에! 네가 시부모한테 잘하나 보더라! 네 시아버지가 친척들 다 모인 자리에서 네 자랑을 그렇게 한 시간이 넘도록 하고 또 하고 하더라니까! 중간에 말을 자르면 가만히 있다가 하고 또 하고 질투 날 정도로 하더라. 그렇게 네 자랑을 한참이나 했지! 지금처럼만 해라. 네가 어떻게 잘하는지는 모르겠지만 잘하고 있다."

감사했다. 다행이란 생각이었다. 안도의 한숨이 나왔다. 내가 어떤 사람인지 증명하기 위해서 시작했던 것이 서서히 결과로 드러나는 것 같아서였다. 그 당시 이런 나를 지켜보던 한 친구가 걱정스러운 표정으로 말했다. 무언가 부단히도 애쓰고 있는 내 모습이 그저 친구의 눈에는 안타까워 보였던 모양이다.

"너무 잘하지 마. 그거 다 소용없더라. 너무 애쓰지 마라. 알아주지 않아. 그러니까 그냥 딱 기본만 해. 그러다가 너 병난다. 진짜. 그냥 살살해! 애쓰지 마!"

시간이 흐를수록 친구의 말이 무엇을 의미했는지 잘 알 것 같았다. 아팠다. 친구의 말대로 나는 점점 많이 아프기 시작했다. 마음이 아프니 몸도 아프고 몸이 아프니 마음의 병도 깊어만 갔다. 마치 끝이 보이지 않는 뫼비우스의 띠처럼 악순환의 고리에 빠져 완전히 헤매고 있었다.

이 책을 읽고 있는 당신은 어떤 상황에 놓여있는지 모르겠다. 처해있는 상황에서 당신은 어떤 선택을 했는지 모르겠다. 혹시 당신이 나와 같은 선택을 하고 자신을 증명하려 애쓰고 있다면 제발 멈춰라! 진심은 반드시 통한다느니 하는 순진한 신념 따윈 내려놓아라! 나와 당신을 바라보는 세상의 편견은 그리 만만한 상대가 아니다. 혼자서 싸울만한 가볍고 우스운 상대도 아니다. 때론 우리의 진심이 편견이라는 단단한 벽에 막혀 전혀 통하지 않을 때도 있더라. 모두를 만족시킬 수 없듯이 모두에게 인정받을 수도 없다. 불가능한 일이며 그것이 현실이다. 나와 당신은 이 세상을 살아갈 때 더 영리해져야 한다. 처음부터 편견의 눈으로 우리를 바라보는 사람들에게는 제발 인정을 구걸하지 마라! 나와 당신은 그 자체로도 가치 있고 소중한 존재다. 꼭 증명해 보여서 누군가로부터 인정받아야 우리의 소중한 가치가 주어지는 것이 아니다. 그러니 더구나 우리의 가치를 함부로 하는 사람들에게 제발 증명하려 들지 않기를 바란다. 쓸데없다. 모두 쓸데없는 일이다. 차라리 당신을 소중히 여기는 사람들에게 그 에너지를 쓰길 바란다.

  나는 평생 경험해 보기 어려울 것 같은 기쁨과 즐거움, 그리고 감동을 주고 싶다는 마음에 이벤트를 준비했었다. 그런데 어느 순간부터인가 나를 키워주셨던 할머니가 떠오르기 시작했다. 할머니 살아생전 내 손으로 직접 생신상 한 번 차려드린 적이 없었다는 것을 깨닫게 된 것이다. 이후로 나는 너무 죄송한 마음에 죄책감까지 들기 시작했다. 내가 지금 무엇을 하는 건지, 도대체 이러는 것이 무슨 의미가 있는 건지 회의감마저 밀려왔다. 하물며 내가 애증의 관계라고 말하는 아빠도 사정이야 어찌 됐든 아빠로서의 자리를 끝까지 지켜주신 고마운 분이다. 그런 아빠에게도 결혼 후 그럴싸한 이벤트 한 번 해드린 적이 없었다. 어쩌면 나라는 사람을 증명하고 그 안에서 가족으로 인정받는 것이 유일한 나의 생존법이라는 생각에서 매일 매 순간 치열하게 살았고 그로 인해 삶의 여유나 마음의 여력이 없었을지도 모른다. 당신은 나처럼 후회하지 않길 바란다. 어쩌면 이미 더 영리하게 잘 살아가고 있을지도 모르겠다. 혹여 나와 비슷한 선택을 한 당신이라면 무엇이 더 중요한지 잘 생각하길 바란다. 먼저 내가 나를 좋은 사람으로 꽤 괜찮은 사람으로 인정하는 것이 먼저고 중요하다. 내가 나를 인정해 줄 때 타인의 인정은 그리 중요한 부분을 차지하지 않기 때문이다.

한 가지 더! 혹시 당신이 이혼가정의 자녀라는 이유로 결혼이 반대에 부딪혔는가? 어렵겠지만 멈추길 바란다. 그리고 더 신중해지길 바란다. 그래도 안 되면 미련 없이 그 관계에서 떠나길 바란다. 당신의 잘못도 아니고 당신의 문제도 아니다. 물론 당신의 책임도 아니다. 단지 상대방이 당신의 진가를 미처 알아보지 못했거나 아직 당신을 받아들일 준비가 되지 않은 것일 뿐이다. 이혼가정의 자녀로 자란 나와 당신의 문제가 아니라 편견의 시선으로 바라보는 그들의 문제인 것이다. 그러니 애써 당신을 증명하려 하지 마라! 인정받으려 하지 마라! 굳이 애쓰지 마라! 조급해하지 마라. 원망하지도 마라. 왜곡되지 않은 열린 시선으로 당신의 참다운 진가를 알아보는 사람은 반드시 존재하기 때문이다. 그 안에서 당신은 당신다워질 것이다.

이젠 애쓰지 마라. 그냥 당신 하나로 충분하다!

두려움에 떨고 있는 내면아이를 안아주었다
트라우마로부터 나를 구하기

나는 이혼가정 자녀들의 치유와 회복을 돕기 위해 상담과 임상 심리 공부를 시작했다. 공부의 여정이 지속될수록 이혼가정 자녀들의 상처를 치유하고 회복하는 것뿐만 아니라 성장에 대해서도 관심을 가지게 되었다. 또, 가정의 해체를 통해 이혼가정의 자녀가 생기지 않도록 하려면 어떤 것이 필요한가? 무엇을 해야 할까? 어떤 해결책이 있을까? 생각하며 치료 차원이 아닌 예방 차원에서의 고민이 시작되었다. 결론은 부부였다. 가정의 핵심 요소인 부부가 잘 세워질 수 있도록 안정되고 행복한 부부 관계가 될 수 있도록 돕는 것이 이혼가정의 자녀가 생기지 않도록 예방하는 것이었고 하나님이 주신 가정을 지키는 것이었다. 치료보다 중요하고 선행되어야 하는 것이 예방이라는 확신이 들었고 그때부터 틈틈이 부부관계 치료나 부부 상담에 관심을 가지고 관련 자료를 찾기 시작했다.

그렇게 해서 운명적으로 만나게 된 것이 부부관계 치료에서 유명한 이마고 부부치료 모델이었다. 일반인들은 잘 모르겠지만 부부 상담이나 가족 치료 전문기관 등 이와 관련된 쪽을 공부하는 사람들이라면 잘 알고 있는 부부치료 모델이다. 나는 검색과정에서 '국제공인 이마고 커플스 워크숍'이 있다는 것을 알아냈다. 그 당시 내가 찾아낸 워크숍의 주요 목적은 '이마고 부부관계 치료 전문가' 양성이었다. 그 과정은 전문가 과정의 사람뿐 아니라 원하는 사람은 커플이든 1인이든 얼마든지 참여할 수 있었으며 나는 1인 참여로 '당신이 원하는 사랑 만들기' 과정을 신청했다. 가능하면 부부나 커플 참석을 희망하고 있었으나 나는 그럴 여건이 되지 않았던 터라 혼자서 참석하게 되었다. 이틀에 걸쳐 진행되는 과정마다 펼쳐지는 그 영향력이란 가히 폭발적이었다. 상상 이상이었고 나로서는 난생처음 경험해 보는 완전한 신세계였다. 그 정도로 독특하고 강력한 프로그램이었다. 단지 맛보기만 했을 뿐인데 말이다. 벌써 2년 넘게 시간이 지나고 있음에도 불구하고 글을 쓰고 있는 지금, 마치 그 자리에 있는 것처럼 가슴이 설레고 떨리고 두근거린다. 나는 그날 워크숍을 통해 한국으로 이 부부관계 치료 프로그램을 가지고 들어 온 오제은 박사님을 만나게 되었다. 첫인상은 옆집 아저씨나 목사님 같은 털털하고 푸근한 인상이어서 다가가기 어렵지 않은 느낌이었으나 실제로 이분의 프로필은 범접할 수 없을 만큼 세련되고 화려했다. 어쨌든 참여자로서의 나는 적지 않은 참가비가 들어갔으니 뽕을 빼야 한다는 생각으로 프로그램을 시작하자마자 집중력을 최고조로 끌어올려 관심 있게 보며 참여하게 되었다. 그런데 시간이 얼마 지나지 않아 처음 생각과는 달리 나는 단번에 매료되고 말았다. '와! 이거다! 미쳤다. 정말 대박이다! 잘 왔다. 정말 잘 왔다. 바로 내가 찾던 거다. 와! 돈이 아깝지 않다. 하나님 정말 감사합니다.' 나는 이마고 커플스 워크숍을 참여하던 첫날부터 쾌재를 불렀다. 통쾌했다. 가슴이 시원하게 뚫리는 것 같았다. 뛸 듯이 기뻤다. 마치 오랜 항해 끝에 보물을 찾아낸 순간처럼 말이다. 이 프로그램은 부부 각자의 어린 시절의 상처와 해결되지 못한 과거 문제를 부부간의 관계 치료를 통해 시도한다는 점이 매우 독특했다. 현재 부부의 문제가 각자의 어린 시절과 연결되어 있다는 관점에서 바라보고 문제의 완화나 치료의 목적보다 더 심오한 무의식적 차원에서 다루고 있다는 것에 신선한 충격과 함께 매력을 느끼게 했다. 이마고 부부관계 치료사는 부부의 문제를 해결하는 문제해결사가 아니었다. 부부가 서로의 치료사가 되어 서로를 치료할 수 있도록 돕는 코치나 촉진자 역할을 하고 있었다. 이 점도 신선했다. 부부의 문제는 부부가 치료할 수 있다는 것이다. 알고 보니 이마고 부부관계 치료는 우리가 잘 알고 있는 미국의 인기 토크쇼였던 오프라 윈프리 쇼에 개발자인 하빌 헨드릭스 박사와 함께 17회에 걸쳐 소개될 만큼 국제적으로도 대단히 큰 호응을 끌어냈던 프로그램이었다. 국내에선 오제은 박사님을 통해 공영방송에 여러 차례 소개되었을 정도로 그 인기가 대단했었다는 걸 알게 되었다. 이 좋은 프로그램을 직접 경험할 수 있는 절호의 기회가 왔으나 나는 안타깝게도 혼자서 참석하게 되었다. 그런 탓에 이마고 부부관계 치료 전문가 과정에 계셨던 선생님의 도움을 받았고 나는 불편함 없이 프로그램에 잘 참석 할 수 있었다. 다양한 과정들마다 나는 집중력을 가지고 성실하게 참여했다. 어떻게 해서든 최대한 프로그램 안에 나를 녹여서 제대로 느껴보고 싶었고 내 것으로 만들고 싶은 욕심에서였다. 프로그램 중 지금도 너무 신기하고 감동으로 기억하고 있는 것이 있다. 두 명씩 짝을 지어 말없이 눈 맞춤을 하는 것이었는데 사실 그날 처음 보는 분과 그것도 아무 말 없이 눈맞춤을 몇 분간 한다는 것은 너무 민망하기도 하고 오글거려서 엄두가 나지 않던 일이었다. 하지만 프로그램이니 어쩔 수 없었고 쑥스러운 듯 살짝 인사만 한 후 바로 눈맞춤에 들어갔다. 처음에는 집중할 수 없어 멋쩍은 미소만 날리다 상대 선생님이 집중하시는 것을 따라 나도 자연스레 집중하게 되었다. 얼마나 지났을까? 1분이나 됐을까? 갑자기 내 눈에서 눈물이 흘러내리기 시작했다. 순간 속으로 깜짝 놀랐다. '이건 뭐지?' '왜, 갑자기 눈물이 나는 거지?' 무척 당황스러웠지만 흐르는 눈물을 닦을 분위기는 아니었다. 나는 눈물이 흐르는 대로 내버려 둔 채 상대 선생님의 눈에 집중했다. 눈물은 계속 흘러내렸으나 닦아내는 것이 오히려 민망할 정도로 진지한 분위기였고 나는 눈맞춤을 계속했다. 조금 시간이 지나자 앞에서 프로그램을 이끄시던 오제은 박사님이 "상대방에게 해 주고 싶은 말이 있으면 하세요."라고 말했다. 그 말에 나와 그 선생님은 누가 먼저 말할 것인지 눈빛으로 신호를 교환했고 상대 선생님이 빙긋이 웃으며 먼저 입을 여셨다.

"애쓰는 것 알아요."

순간 나는 그 한마디에 가까스로 참고 있던 울음을 크게 터트리고 말았다. 눈맞춤을 계속 진행해야 함에도 나는 두 손으로 얼굴을 가리고 말았다. 터져버린 눈물을 주체할 수 없었기 때문이었다. 파트너 선생님은 어깨를 들썩거리며 울고 있는 내 등을 부드럽게 몇 번이고 쓸어 주셨다. 나의 내면 어떤 것이 그 한마디에 건드려진 것인지는 알 수 없었다. 하지만 이성적으로는 도저히 납득할 수 없는 영역임은 분명했다. 내가 이성적으로 통제할 수 있는 부분이 아니었다. 신기하고 감동적이었다. 그 이후로도 다양한 프로그램이 진행되었고 나는 더욱 물오른 호기심을 장착하게 되었다. 각자의 어린 시절 부모로부터 꼭 받았어야 했으나 받지 못했던 것과 성인이 되었음에도 해결되지 못한 어린 시절 미해결과제들을 꺼내 놓는 과정이 있었다. 부부라면 남편이나 아내가 상대의 어린 시절 부모가 되는 것이었으나 나는 나를 도와주던 선생님이 내 부모 역할을 해 주었다. 그렇게 나는 8살 정도의 나로 찾아갔고 그때 아빠에게 하고 싶었던 말을 쏟아내기 시작했다. 눈물 콧물 범벅이 되어 앞이 보이지도 않았다. 얼마나 울었는지 눈이 퉁퉁 부어올라 떠지지도 않았다.

　시간이 흐르고 아빠 역할을 해 주었던 선생님은 그 시절 아빠의 모습으로 나에게 용서를 구했고 나를 안아주었다. 부부싸움을 목격했던 어린 나를 찾아갔던 것이다. 그때는 너무 어려서 하지 못했던 말들을 성인이 된 지금에서야 힘을 내어 말 할 수 있었다. 정말 나에겐 잊지 못할 특별하고 강렬한 경험이었다. 지금도 그 장면이 생생하게 그려진다. 나는 워크숍이 끝나고 내가 만나는 사람마다 이야기했다. 이혼하지 않고 함께 살 거라면 이마고 부부치료 프로그램에 꼭 한 번이라도 참석해 보라고 권하기까지 했다. 혹시라도 이혼의 위기에 놓여있다면 더욱 필요할 것이고 아직 결혼하지 않은 커플들에게도 너무나 좋은 프로그램이라는 생각에 서였다.

196

나는 오제은 박사님이 몇 해 전 미국에 부부 · 가족 상담 대학원을 설립했다는 소식을 접하게 되었다. 아직 태어난지 얼마 안 되는 신생 학교였다. 하지만 학위 과정 안에는 나를 강력하게 매료시킨 이마고 부부치료 전공 박사과정도 있었다. 나는 무릎을 쳤다. 일어나 손뼉을 치며 환호했다. "그렇지! 바로 이 거지! 이런 학교가 꼭 생겨야 한다고!" 마치 학교가 온전히 나를 위해 준비된 것 같은 생각이 들었을 만큼 강한 믿음이 생겼고 망설일 이유도 없었다. 그러나 나의 굳은 결심과는 달리 현실은 순순히 따라주지 않았다. 인생이 뭐 그리 호락호락하지 않다는 것은 이미 알고 있었던 터라 의연하게 나의 때를 기다렸다. 나는 포기하지 않았고 들어가기로 마음먹었던 그다음 해에 비로소 지원서와 추천서 등 필요한 서류를 이메일로 제출하게 되었다. 감사하게도 나는 서류합격에 이어 최종 면접을 보게 되었다. 청심환을 먹어야 할 정도로 벌렁거리며 나대는 심장을 부여잡고 드디어 면접을 보게 되었다. 면접 후 나는 마지막으로 오제은 총장님과 대학원 원장님 교수님들 앞에서 내 당찬 포부를 밝혔다.

"이번에 합격시켜주지 않으시면 합격시켜 줄 때까지 도전하겠습니다."

총장님을 비롯한 교수님들은 나의 말에 모두 다 한 바탕 웃었고 좋은 분위기로 면접은 마무리되었다. 나는 그렇게 내가 바라던 학교에 원하는 공부를 하기 위해 박사과정에 들어가게 되었다. 나는 하나님께 이 모든 과정을 감사했다. 나에게 신선한 충격으로 다가왔던 '이마고 커플스 워크숍'을 시작으로 나의 행보는 또다시 새롭게 시작되었다. 시간이 흘러 박사과정의 한 학기를 마무리하는 시점의 어느 날이었다. 평소에도 그 강력했던 워크숍의 경험이 잠깐잠깐 생각이 났다. 그 당시는 내면아이 치료에 관심을 기울이고 있을 때였다. 여느 때처럼 나는 책상에 앉아 그날 해야 하는 일들을 처리하고 있었고 그러다 한쪽 벽에 세워진 책장에 빼곡히 꽂혀있는 전공 서적들에 눈이 돌아갔다. 한 곳에 시선이 멈췄다. '자기 사랑 노트'가 눈에 확 들어왔다. 그것은 오제은 총장님의 저서 중 하나였고 그분을 알기 전 구매했던 책이었다. 나는 한 장 한 장 넘기기 시작했다. 멈출 수 없었다. 눈물이 앞을 가렸다. 엉엉 아이처럼 울기 시작했다. 책 안에 담긴 저자의 마음이 느껴졌기 때문이었다. 그 상처의 깊이와 고통이 그대로 다가왔기 때문이다. 그렇게 책을 읽었고 나는 나의 내면아이를 찾기 시작했다. 내면아이를 치유하는 방법을 훈련받은 적은 없다. 그러나 나는 이마고 커플스 워크숍에서 경험했던 것을 떠올렸고 직감적으로 상처받았던 내 어린 시절로 찾아갈 수 있음을 알았다.

눈을 감았다. 차분하게 마음을 가라앉혔다. 그리고 나에게 집중하기 시작했다. 나는 내 어릴 적 트라우마가 만들어졌던 그 장면으로 들어갔다. 부모님이 싸우고 계셨다. 그 옆에는 작고 연약한 어린아이가 공포에 휩싸여 온몸을 바들바들 떨고 있었다. 잔뜩 겁을 먹은 눈빛을 하고 하염없이 울고 있었다. 바로 나였다. 어릴 적 나였다. 고작 8살이었다. 나는 잔뜩 웅크리고 있는 어린 나를 불렀다.

"영순아, 무섭구나! 너무 무서워. 그래, 무서워서 숨이 쉬어지질 않는구나! 무서워! 너무 무서워. 이러다 엄마가 죽으면 어떡하나 불안하구나! 그래, 엄마가 죽을 것 같아서 무서워. 너무 무서워. 이리 와. 이리 와. 내가 안아줄게. 이리와 괜찮아. 내가 무섭지 않게 꼭 안아줄게. 이리 와. 내가 안아줄게."

나는 8살의 어린 나를 두 팔로 안았다. 공포에 휩싸여 두려움에 부들부들 떨고 있는 나를 꼭 안았다. 이미 내 얼굴은 눈물로 범벅이 되었다. 어깨를 쓸어내리기 시작했다. 부드럽게 쓸어내렸다. 보호받고 있다는 것을 느낄 수 있도록 아주 천천히 힘을 주어 쓸어내렸다.

"너무 무서웠지? 그랬어. 어. 그랬어. 혼자서 너무 무서웠어. 무서워서 얼음이 돼 버렸어. 그랬어. 맞아. 그랬어. 누구도 너를 지켜주지 않았어. 무서워하는 너를 아무도 신경 쓰지 않았어. 그래. 그랬어. 영순아, 이제는 괜찮아질 거야. 내가 안고 있어. 지금 내가 너를 꼭 안고 있어. 이제는 안전해. 괜찮아! 내가 너를 보호해 줄 거야. 지켜 줄 거야. 누구도 너를 무섭게 하지 못하게 할 거야. 봐! 편안해졌지? 내가 이제부턴 너를 꼭 지켜 줄 거야. 이제는 힘이 있어. 너를 지켜줄 힘이 있어. 이제 몸에 힘을 빼도 돼. 괜찮아, 편안해져도 돼. 내가 너를 꼭 안고 있어. 봐! 그렇지? 이제는 안전해. 아무도 너를 함부로 하지 못해. 그럼, 이제는 내가 너를 그렇게 두지 않을 거야. 무섭게 혼자 두지 않을 거야."

나는 한참을 상처받은 어린 나를 만나고 있었다. 위로했다. 안전감을 주었다. 힘이 잔뜩 들어가 경직되었던 어린 내 몸이 어느새 서서히 부드럽게 풀리고 있었다. 편안함이 밀려왔다. 나는 그 느낌의 여운을 길게 느끼고 있었다. 아무 말 없이 공포에 떨며 울고 있던 어린 나를 안고 침묵으로 한참을 그렇게 있었다. 눈을 뜨려는데 눈꺼풀이 딱풀에 찰싹 붙은 것처럼 달라붙어 잘 떨어지지 않았다. 눈을 비벼 간신이 눈을 뜨고 나는 한참을 의자에 앉아있었다. 시원한 바람이 내 마음속에 들어왔다. 시원했다. 말 그대로 개운했다. 그리고 잠시 뒤에 작은 행복감이 퐁퐁 피어오르기 시작했다. 이건 뭐지? 신기한데 기분은 좋았다. 그 후로도 나는 생각날 때마다 몇 번이고 반복했고 시간이 지남에 따라 공포에 휩싸여 온몸을 부들부들 떨며 울고 있던 내 어린아이의 모습은 볼 수 없었다. 대신 자유롭게 춤을 추며 기분 좋은 미소를 짓고 있는 어린 내 모습과 마주하게 되었다. 그랬다. 부모의 싸움을 목격하는 아이들은 그 자체가 충격과 공포다. 위기 상황이며 트라우마다. 나이가 어린 아이일수록 위기나 자신을 위협하는 상황을 피하거나 대적할 힘이 없다. 스스로 지켜낼 수 없다. 자신을 보호할 힘이 없기 때문에 온몸으로 받는 그 타격감은 상상하지 못할 정도로 엄청나다.

그렇게 나는 힘이 없어 보호하지 못했던 어린 나를 그 위협적인 상황에서 구해냈다. 빼내었다. 그렇게 지켜냈다.

한쪽 어깨에 새긴 가치
I am the pride of my grandmother

내가 누군가에게 중요한 존재가 된다는 것은 상상만으로도 기분이 좋아지고 행복해지는 일이다. 사람은 태어나서 죽음에 이르는 순간까지도 누군가에게 의미 있고 중요한 존재가 되길 원하기 때문이다. 그 대상이 자신에게 의미 있는 존재라면 더욱 그럴 것이다. 당신은 누군가에게 소중한 존재가 되어봤던 기억이 있는가? 현재 그런 느낌을 받고 있어 행복한가? 아니면 기억을 한참 더듬어야 할 정도로 희미한가? 어느 쪽이든 상관없다. 왜냐하면 어떤 상황이든 우리의 소중한 가치를 맘대로 규정할 수 없기 때문이다. 누군가에게 자신이 소중한 존재가 되어봤든 현재 소중한 존재로 행복감에 빠져있든 아니면 기억 저편 어딘가에 있었을지도 모를 경험을 찾아 헤매고 있든지 말이다. 사람은 관계를 중요시하는 존재다. 관계를 통해 최악의 고통과 아픔을 경험하기도 하고 경이로운 행복감을 경험하기도 한다. 사람들은 관계에 많은 관심을 가지며 실패하지 않으려 노력한다. 어디를 가든 누구를 만나든 어디에 소속이 되든 소중한 존재로 관심을 끌며 인정받기를 원한다. 좋은 관계를 만들거나 유지하기 위해 상대가 필요한 것들을 선물하기도 하고 좋아할 만한 행동을 하기도 하며 듣기 좋은 말을 선별해서 말하기도 한다. 관심을 끄는 행동이나 인정받고 사랑받고 싶은 욕구는 비단 성인들만이 가지는 특성은 아니다. 세상에 태어난 지 얼마 안 되는 아기도 마찬가지다. 이들에게는 자신을 양육해 줄 대상과의 관계가 매우 중요하다. 아기가 태어나고 자라면서 가장 많이 하는 일이 주위의 관심을 끌어 자신의 필요를 채우는 일이다. 이것은 그들의 생존을 위한 중요한 수단이며 스스로 살아갈 힘이 생길 때까지 부모를 전폭적으로 의지하지 않으면 안 되기 때문이다. 그야말로 생존전략이다. 자녀는 성장하면서 부모의 관심과 인정 사랑을 요구하게 된다. 마음이 채워질 때까지 끊임없이 요구한다. 만약 그것이 채워지지 않을 때 결핍을 경험하게 되고 부모가 아닌 다른 대상이나 물건 등을 통해 채우려 하기도 한다.

당신은 어떤 사람과 있을 때 소중한 사람이 되는가? 어떤 사람과 있을 때 당신이 대단한 사람처럼 느껴지는가? 어떤 사람과 있을 때 마음이 편안해지고 자연스럽게 본연의 당신이 되는가? 누구와 있을 때 당신은 그 어떤 일도 가능할 것 같은 놀라운 힘이 생기는가? 그 사람이 누구인가? 당신의 머리에 강하게 꽂히는 사람이 있는가? 있다면 그 사람을 꼭 붙잡기를 바란다. 오랫동안 그 사람을 당신 곁에 두길 바란다. 이런 사람은 만나기 쉽지 않은 보기 드문 귀한 사람이기 때문이다. 분명 그 사람은 누군가로부터 자신이 소중하게 여겨졌던 흡족한 경험이 있을 것이다. 게다가 그런 자신을 소중하게 여길 줄 아는 사람일 것이다. 자신을 소중하게 여기지 않으면서 다른 사람을 진심으로 소중하게 여긴다는 것은 거의 불가능하기 때문이다. 우리를 이 세상에 태어나도록 해준 부모도 한결같이 자녀들에게 이런 느낌을 주기란 어렵다. 자녀를 사랑하지 않아서가 아니다. 부모도 누군가에게 자신이 소중한 존재가 되는 경험을 충분히 하지 못했기 때문이다. 가진 것이 있어야 나눌 수 있는 것처럼 말이다. 아기가 태어나면 제일 먼저 엄마라는 세상을 만난다. 앞서 말한 것처럼 그 엄마라는 대상은 자신의 생존을 결정지을 수 있는 매우 중요한 존재다. 생존에 필요한 모든 것을 공급해 줄 수 있는 대상이기 때문이다. 아기가 생존을 위해 필요한 것을 요구했을 때 즉각적으로 반응해 오는 엄마를 통해 자신이 소중한 존재라는 것을 느끼기 시작한다. 이것이 한결같이 반복되었을 때 비로소 아기는 자신을 소중한 존재로 정의하게 된다. 그러나 우리가 알아야 할 것은 성장 과정을 통해 자신이 소중한 존재라고 정의하고 프로그래밍이 된 사람이라 할지라도 모든 사람으로부터 소중한 존재로 여겨지는 경험을 하진 않는다는 것이다. 인간관계를 모두 끊어버리고 집이나 산에서 은둔생활을 하지 않는 이상 우리는 자의든 타의든 타인과 인연을 맺고 사회적 관계를 형성하게 된다. 그 관계 안에는 당신을 소중하게 여기는 행복한 관계가 있을 수 있지만 그렇지 않은 관계도 있기 마련이다. 혹시 당신은 이런 경험을 해 본 적이 있는가? 만날 때마다 긴장되고 위축되며 생각이 정지되고 나 자신이 아닌 상대가 원하는 사람이 되어야 편안해지는 관계 말이다. 때로는 무섭고 그 자체로도 두려워 내 가치나 존재 자체를 가늠할 수 없게 만드는 그런 관계 말이다. 여기에서 생각해 봐야 할 것이 있다. 과연 우리가 만나는 사람에 따라 때론 형성하는 관계 형태에 따라 우리의 가치가 변하는가? 극단적인 예로 어제는 이 사람과 있으면서 세상에서 가장 소중한 존재가 되었다가 오늘은 다른 사람으로 인해 전혀 다른 하찮은 존재로 전락하고 마는 경우 당신은 어느 쪽이 진짜 당신의 가치라고 생각하냐는 것이다. 이미 당신도 잘 알다시피 타인이 우리를 어떻게 대하든 상관없이 우리는 소중한 가치를 지닌 존재임이 틀림없다. 이것은 변하지 않는 진리이다. 그렇다. 진리이다. 우리가 소중한 가치를 지닌 존재라는 것은 진리이다. 절대 변할 수 없다는 뜻이다.

예를 들어보자. 내 손안에 1억원짜리 수표가 있다고 하자. 내가 당신에게 주고자 한다면 당신은 받겠는가? 돈을 혐오하는 사람이 아닌 이상 눈을 반짝거리며 이게 웬 떡이냐, 어제 꿈을 잘 꾸었구나! 감격하며 얼른 받아 갈 것이다. 자, 그렇다면 이번에는 내 손안에 있는 1억원짜리 수표를 완전히 꾸깃꾸깃 구겨버릴 것이다. 구기고 구겨서 작은 공만 하게 만들어 버릴 것이다. 그것을 내가 당신에게 주겠다고 하면 당신은 받을 것인가? 천재지변이 없는 한 "아이코! 뭘 이런 걸 다 주느냐."며 넙죽 받아 갈 것이다. 자, 이번에는 그 구겨질 대로 구겨진 1억원짜리 수표를 더러운 신발로 마구마구 밟을 것이다. 신발 밑바닥에 붙어있던 온갖 더러운 것들이 그 구겨진 수표에 묻었다. 이것이 수표인지 아닌지 구분이 안 될 만큼 더러워졌다. 내가 이것을 당신에게 주고자 한다면 당신은 받을 것인가? 어쩌면 빼앗길까 봐 아니면 주는 내 마음이 변할까 얼른 감사하다고 말하고 도망치듯 그 자리에서 사라질 것이다. 왜 당신은 그 수표를 받았는가? 당신은 1억원짜리 수표의 가치를 분명하게 알고 있기 때문이다. 외부의 압력으로 꾸깃꾸깃 구겨져 그 형태가 완전히 달라졌음에도 불구하고 온갖 더러운 것이 묻어 이것이 수표인지 아닌지조차 알 수 없는 상태임에도 불구하고 오히려 감사하게 받을 수 있었다는 이야기는 어떤 형태가 되었더라도 1억원이라는 수표의 가치는 변함이 없다는 것을 정확하게 알았다는 것이다. 만약 어떤 사람이 그 1억원짜리 수표가 가짜라고 말한다면 당신은 받지 않을 것인가? 1억원짜리 수표가 진짜라는 것을 정확히 알고 있는 이상 당신은 그 사람의 말에 넘어가지 않을 것이다.

나는 가치를 이야기할 때 1억원짜리 수표에 대한 비유를 들어 말하는 것을 좋아한다. 가치에 대한 명확한 통찰을 끌어내기에 기가 막히게 적절한 비유이지 않은가? 당신과 나의 가치도 그렇다. 어떤 누군가가 우리를 원래 형태도 알아보지 못할 정도로 꾸깃꾸깃 구기고 짓밟아 온갖 더러운 것들을 다 묻혀서 쓰레기통에 처 넣는다 해도 나와 당신의 가치는 그대로다.

지금으로부터 약 40년 전 나는 부모의 이혼을 경험하면서 나의 주 양육자가 엄마에서 할머니로 바뀌었다. 하나에서 열까지 다 해주지 않으면 즉시 생존에 위협을 느낄 만큼 어린 나이는 아니었으나 전적으로 주 양육자의 보살핌이 필요했던 10살이라는 나이였다. 10살 때부터 할머니가 돌아가시던 해까지 나는 할머니의 양육과 보살핌으로 성장했고 성인이 되었다. 부모님의 이혼이 어린 나에게 있어 큰 충격을 주는 사건이었음은 분명했다. 그러나 그 덕분에 할머니를 만나게 되었고 그분의 따뜻한 보살핌 속에서 성장하게 되었던 것은 '신의 한 수'라고 나는 당당히 말한다. 이런 내 생각은 지금까지 변함이 없고 앞으로도 그럴 것이다. 내가 왜 이렇게까지 자신감을 가지고 당당하게 이야기할 수 있는지 지금부터 이야기하겠다. 내가 앞에서도 여러 가지 사례를 들어 할머니가 나를 어떻게 대하고 키우셨는지를 이야기했다. 당신은 내가 할머니의 관심과 사랑 그리고 한결같은 지지를 받으며 자라온 과정을 몇 사례를 통해 읽어봤다. 당신은 어떤 느낌을 받았는가? 어떤 생각이 들었는가? 다시 한번 말하지만 부모의 이혼을 경험한 나에게 할머니라는 존재는 '신의 한 수'였다. 그만큼 할머니는 내 삶 전반에 걸쳐 중요한 부분을 차지하고 있다. 할머니와 함께 있으면 나는 항상 귀한 사람이 되었다. 똑똑한 사람이 되었고 뭐든지 할 수 있는 가능성이 많은 사람이 되었다. 좋은 사람이 되었고 비범함을 품고 있는 예사롭지 않은 특별한 사람이 되었다.

할머니와 함께 있으면 눈치를 보지 않아도 주어지는 사랑과 애정을 받을 수 있는 충분한 자격의 사람이 될 수 있었고 칭찬과 응원을 온전히 내 것으로 받아도 되는 꽤 자신감 있는 멋진 사람이 될 수 있었다. 할머니와 함께 있으면 나는 언제나 할머니의 자부심이자 자랑이 되었다. 비록 부모의 이혼을 경험하는 아픔은 있었으나 할머니 곁에서 스스로 꽤 괜찮은 사람으로 여기며 자존감 높은 아이로 성장할 수 있었다. 그래서 나에게 할머니는 '신의 한 수'다. 그렇다면 이혼 전 내 부모는 어땠을까? 직업 군인이셨던 아빠는 전용 지프차에 어린 나를 태우고 다녔을 만큼 딸에 대한 애정이 각별하셨다. 아빠가 군인이었던 덕분에 내 간식은 당연지사 조그만 별사탕이 들어있는 건빵이 대부분이었다. 건빵을 맛있게 먹는 다양한 방법을 어린 나이에 모조리 섭렵했던 나는 지금도 좋아하는 과자 중에 하나다. 그리고 아빠는 내가 초등학교에 들어가면서부터 받아오는 상장이란 상장은 모두 메달과 함께 액자에 끼워서 방 한쪽 벽에 빼곡히 걸어주셨다. 큰상이든 작은 상이든 크기와 중요도에 상관없이 또 순위와 상관없이 모두 다 말이다. 그 당시 이런 나를 부러워했던 친구의 말이 생각난다.

"우리 아빠는 이것보다 좋은 상을 받아와도 액자에 안 끼워 주는 데……. 너는 좋겠다."

나는 그 말을 듣는 순간 내가 아빠에게 사랑받는 존재라는 사실에 기분이 좋았고 아빠에게 소중한 딸이라는 생각에 행복했던 기억이 난다. 나는 나를 인정해 주는 아빠가 좋았다. 아빠와 둘이서 땅에 쪼그리고 앉아 나뭇가지로 우리나라 지도를 그려가며 열심히 설명해 주던 아빠의 친절하고 자상했던 모습도 기억이 난다. 그럼 엄마는 어땠을까? 손재주가 남달랐던 엄마는 손수 뜨개질해서 모자나 옷을 만들어 입혀 주셨다. 겨울에 입는 예쁜 롱코트에 무릎까지 올라오는 밝은 겨자색 롱부츠를 신겨 주셨던 기억이 난다. 평소에도 꼼꼼하고 깔끔한 성격이었던 엄마의 취향대로 깨끗하고 예쁘게 잘 입혀 주셨다. 간식으로 해 주셨던 노란 계란빵도 생각이 난다. 어찌나 맛이 있었던지 그 고소하고 달콤한 향기가 마치 지금도 내 코를 자극하는 것처럼 생생하다. 다행히 나는 엄마에게도 소중한 존재였다. 부모의 이혼이라는 아픔을 나에게 주었지만 그런데도 내가 아빠와 엄마에게 소중한 존재였다는 사실은 변하지 않는다. 물론 많은 시간이 지난 지금도 부모에게 내가 소중한 존재라는 사실은 변함이 없다. 비록 헤어진 부모라도 자녀를 어떤 존재로 여겼는지 아는 것은 매우 중요하다. 이것은 이혼한 부모를 이해하고 용서하고 사랑할 수 있는 끈이 될 수 있으며 이혼가정의 자녀로서 버려지지 않은 존재로 세상을 좀 더 당당하게 살아낼 수 있도록 하는 힘이 되기 때문이다.

나는 부모의 이혼으로 받은 상처를 조금씩 회복하며 할머니 품에서 자신감 있는 아이로 성장해 갔다. 학교 선생님들로부터 애정 어린 관심과 적극적인 지지 속에 각종 대회에 나가 상도 받고 그에 따른 성취감도 느끼면서 효능감이 높은 아이로 당당하게 자랄 수 있었다. 상을 주는 월요일 아침 운동장의 조회 시간이 되면 결과도 모르면서 당연한 듯 상 받을 준비를 하던 아이였다. 물론 상을 못 받는 날도 있었다. 그런 날이면 어린 마음에 상심이 컸었다. 한 번은 동네 이웃 아주머니가 그림대회 때 자기 딸은 상을 탔는데 내가 못 탔다는 사실을 알고 했던 감동적인 말이 기억난다.

"세상에 영순이가 그림대회에서 상을 못 탔다는 건 말도 안 돼. 분명히 그 대회 심사위원이 뭔가 실수했든지 아니면 뭐가 잘 못 된 거야. 암, 그게 아니면 영순이가 못 받을 리가 없어."

그림을 잘 그리는 것으로 동네에 소문이 났던 나는 대회가 있을 때마다 거의 빠짐없이 상을 받아왔다. 시골의 작은 마을 특성상 소문은 금방 퍼지기 마련이다. 그날도 잔뜩 기대했던 상을 못 받아서 크게 실망하고 낙심해 마치 물먹은 솜처럼 무거운 마음이었다. 그러나 그 말을 듣는 순간 물먹은 솜처럼 무거웠던 마음이 언제 그랬냐는 듯 가벼워지는 것이 아닌가! 그리고 그렇게 얘기해 주셨던 이웃 아주머니께 감사했던 마음이 지금도 남아있다. 최근 자기 딸이 그린 그림을 대회에 보내지 않았다고 편의점을 자동차로 밀고 들어가 가게와 물건들을 처참하게 박살 내는 이기적인 부모의 이야기가 매스컴을 통해 나오는 이 시대에 정말 보기 드문 분이 아닐 수 없다. 나는 주변 어른들로부터 관심과 인정을 받으며 탄탄한 자신감과 당당함이 꽉 찬 아이로 성장하고 있었다. 나는 자라면서 큰 꿈을 꾸었고 열악한 환경을 넘어 더 넓은 세상을 경험하기 위해 일본으로 유학을 갔다. 경제적으로 힘든 환경에서도 꿋꿋하게 공부해 장학금도 받았다. 그러다 위암이라는 병에 걸려 난생처음 진지하게 죽음이라는 것을 마주했지만 오히려 나를 사랑하고 걱정해 주는 많은 사람이 있다는 것을 확인하는 기회가 되면서 다시 새롭게 주어진 삶에 감사하는 계기가 되었다. 그랬던 나는 지금까지 겪어보지 못한 상상 이상의 부정적인 경험을 하게 되었다. 어릴 적 부모의 이혼이라는 아픔에서도 유학 중 죽음과 진지하게 대면해야 했던 암이라는 질병 앞에서도 나는 잘 극복했고 그 안에서 감사함을 배워갔다. 그러나 이번엔 달랐다. 이혼가정 자녀라는 편견에서 파생되는 여러 고정된 시선들이 '나'라는 자체를 거부했다. 다른 어려움은 어느 정도 내가 통제할 수 있는 것들이었다. 내가 열심히 하면 상황이 나아졌고 그런 나의 진심을 알아주는 사람들이 많아졌고, 진심 어린 응원과 애정이 나를 더욱 가치 있게 만들었다. 그러나 편견 앞에서 그동안 열심히 살아 온 나의 진심은 힘을 내지 못했다. 그 자신감 있고 당당함으로 가득 차 있던 아이는 안개처럼 사라졌다. 소속감을 느낄 수 없는 공동체 안에서 나는 은근히 배제되었다. 외부로부터 들어오는 이중 메시지를 통해 혼란스러운 상황들은 계속되었고 결국 그것은 내 생각과 판단조차 자꾸 의심하게 했다. 내가 결정하고 선택할 수 있는 것은 지극히 한정되어 있었다. 내 인생임에도 불구하고 외부의 강한 영향력에 휘둘리는 일이 많아지기 시작했다. 그 안에서 나는 하찮은 존재가 되어갔다. 어떤 어려움 속에서도 발견할 수 있었던 소중한 나의 가치는 이미 바닥으로 버려진 지 오래였다. 처음 겪어보는 은밀한 따돌림 속에 나는 철저히 혼자가 될 수밖에 없었다. 그 안에서 '나'라는 사람은 부모에게서 버려진 쓰레기같이 아무 쓸모 없는 존재였고 어느새 차라리 없어지면 좋을 걸림돌이 되어 있었다. 나를 향한 편견의 시선들은 강력한 살상 무기나 다름없었다. 스스로 죽음으로 몰아가도록 하는 힘이 있었기 때문이다.

"나는 당신들이 무시할 만큼 하찮은 사람으로 키워지지 않았어! 무시하지 마!"

나는 살아남기 위해 나의 존재감을 순간순간 드러내고 있었다. 그러나 수년간 이어져 오는 편견의 강력함 앞에서는 마치 허공에서 흩어지는 메아리처럼 나의 절절한 외침은 힘을 갖지 못했다. 역부족이었다. 통제할 수 없는 상황들이 지속되자 나는 점점 피폐해졌고 외부로부터 들어오는 일방적인 공격에서도 나를 지켜내지 못했다. 그러던 어느 날이었다. 예전 유학 생활의 그리움으로 뒤적이던 추억의 물건들 속에서 내 손때가 묻은 일본어 성경책을 찾았다. 그 안에는 할머니의 사진과 함께 마지막 유언을 글로 적어 직접 코팅해서 만든 책갈피가 꽂혀있었다. 그것을 보는 순간 나는 그만 대성통곡을 하고 말았다.

"맘 독하게 먹어. 이!"

그 순간 살아생전 할머니가 자주 해 주셨던 말이 떠올랐다.

"하이고오~ 착한 내 새끼! 나는 우리 영순이가 을마나 대견헌지 몰라. 그저 뭐를 해도 아주 똑 부러지게 잘한다니까는! 나중에 꼭 벼슬혀서 좋은 사람 되거라! 나는 니가 꼭 그렇게 될 거라고 믿어. 참말로다가!"

그랬다. 나는 할머니의 자랑이었다. 자부심이었다. 그렇게 소중한 존재로 귀한 존재로 키워졌다. 이렇게 무너질 수는 없었다. '할머니가 나를 어떻게 키웠는데!'라는 생각이 떠오르자 쓰러져 있던 마음이 힘을 받아 일어서기 시작했다. 나는 내가 할머니의 자부심이자 자랑이었다는 것을 기억하고 싶었다. 마음속 깊이 각인하고 싶었다. 그런데 지금의 내 상태로는 그 기억이 금방이라도 사라질 것 같았다. 그래서 고민 끝에 몸의 한구석에도 각인을 해야겠다고 결심했다. 나에겐 무섭고 떨리는 일탈이었지만 절실함이 그것을 막지는 못했다. 그렇게 나는 오른쪽 어깨에 새겨넣었다.

'I am the pride of my grandmother.'

이것은 그 당시 내가 살기 위해 몸부림쳤던 처절함의 흔적이다. 내 존재가치가 유리 파편처럼 흩어져 사라지지 않도록 붙잡기 위한 장치였다. 이 문장은 내 몸뿐만 아니라 내 마음에도 강한 에너지를 주었다. 그렇게 나는 다시 살아날 수 있었다. 세월이 흐른 지금 내 몸에 각인을 잊어버리고 살 때가 많다. 그러다가 눈에 띄면 살짝 놀라기도 한다. 이제는 건강해진 내 모습을 보며 예전에 살고자 치열하게 몸부림쳤던 그 흔적을 다시 한번 만져본다. 그리고 나지막하게 속삭인다.

'나는 할머니의 자부심이야!'

지금 당신을 소중한 사람으로 만들어 주는 누군가가 곁에 있다면 정말 감사하길 바란다. 당신을 가치 있게 여기는 사람이 함께 있다면 그 손을 놓지 않기를 바란다. 인생의 여정 속에서 진심으로 나를 소중히 여기는 사람들을 얻는다는 것은 생명을 연장하는 것과도 같다. 때로는 그들로 인해 다시 살아날 수 있기 때문이다. 혹시나 이런 사람들이 당신 곁에 없다고 해도 너무 상심하진 마라. 의기소침해하지도 마라. 외로워하지도 마라. 당신 곁에는 늘 당신이 있지 않은가! 자신을 소중히 여기고 가치를 인정하는 것만큼 중요하고 인생 여정에서 큰 힘이 되는 것은 없다. 나를 소중한 존재로 만들어줬던 할머니는 이미 내 곁에 없다.

이렇듯 세상의 모든 변수는 변하기 마련이다. 그러나 한가지 변하지 않는 것이 있다. 그것은 바로 '나', 그리고 '당신'이라는 상수이다. 다른 사람들로부터 얻어지는 우리의 가치가 아닌 우리 자체가 가지고 있는 고유함을 기억해야 한다.

독립적인 자신의 가치를 인정하라!
부모를 닮은 자신을 미워하는 일은 멈춰라

혹시 당신은 부모와 닮아있는 자기 모습이 싫었던 적이 있는가? 미워진 적이 있었는가? 거울조차 보기 싫었던 적이 있었는가? 지금 그러한가? 보통 부부가 이혼하게 되면서 자녀는 좋든 싫든 한쪽 부모에게서 양육되어 진다. 이혼 후 자녀를 양육하는 과정에서 한쪽 부모가 흔히 하는 실수가 있는데 그중 하나는 전 배우자의 험담을 자녀가 듣는 자리에서 하는 것이다. 의도적이든 그렇지 않든 자녀에게 전 배우자의 험담을 직접 한다든가 어른들끼리 하는 부정적인 이야기를 자녀가 엿듣게 되는 경우가 그것이다. 전 배우자와의 관계에서 아직 해결되지 못한 부정적인 감정에 매몰되면서 주변에 자녀가 있는지 없는지조차 알아차리지 못하는 경우라고 할 수 있겠다. 자녀들은 의도치 않게 아빠나 엄마에 대해 전혀 알 수 없었던 부정적인 모습을 간접 경험하게 되고 적잖게 놀라며 실망하게 된다. 그 실망이 깊어져 점점 미움이 싹트게 되고 결국 원망에 이르게 된다. 수위를 적절히 조절하지 못한 어른들의 이야기로 인해 강한 충격을 받을 수도 있다. 특히 어린 자녀의 수준에 전혀 맞지 않는 강도 높은 이혼의 원인을 알게 되었을 때 그 충격은 상상 이상이다. 최악이었던 부부관계와는 상관없이 자녀와의 관계에서는 특별히 흠잡을 곳이 없었거나 각별했던 사이였던 경우 더욱 그렇다. 자녀의 입장에서는 부모의 이혼 여부와는 상관없이 여전히 사랑하는 엄마와 아빠이다. 이것이 자녀 앞에서 전 배우자의 좋지않은 모습을 비난하거나 험담하는 것을 멈춰야 하는 이유다. 떨어져서 함께 살지 못하는 한쪽 부모에 대한 부정적인 이야기를 접하면 접할수록 자녀는 그 부모에 대해 미워하는 마음이 자랄 수밖에 없다. 장기간 노출될 경우 결국에는 원망과 분노의 감정을 갖게 되고 그것을 해결하지 못해 힘든 시간을 보내기도 한다. 이혼의 원인이 모두 헤어진 부모의 탓이라고 생각하며 좋지않은 감정을 쌓아가기도 한다. 그도 그럴 것이 함께 사는 엄마나 아빠가 이혼의 원인을 전 배우자에게 돌리거나 탓을 하기 때문이다. 깊은 내막을 모르고 듣는 일방적인 정보에 자녀의 생각과 마음이 기울어질 수밖에 없다.

그리고 또 다른 실수는 전 배우자를 닮은 자녀에게 전 배우자에 대한 부정적인 감정을 투사하는 것이다. 부모도 완벽한 존재가 아니기에 자신의 감정을 적절하게 조절하는 것에 실패할 수 있다. 그러나 자녀 앞에서는 언제나 책임감이 필요한 부모라는 사실을 기억해야 한다. 자신을 적절히 통제할 수 있는 성인이라는 사실도 잊지 말아야 한다. 전 배우자와

214

자녀가 외모뿐만 아니라 성격이나 식성, 사소한 버릇까지 닮았다고 하자. 그렇다고 그 자녀가 전 배우자가 되는 건 아니다. 물론 의도한 것은 아니겠지만 무의식중에라도 그 자녀와 마음의 거리를 두게 되면서 전 배우자에게 하듯 비슷한 행동과 모습을 보이기도 한다. 그렇다면 자녀는 자신에게 차갑게 거리를 두는 엄마나 아빠의 부정적이고 차가운 감정을 느끼지 못할까? 아니다. 기가 막히게 잘 알아차린다. 부모의 이혼 과정을 의도치 않게 지켜보게 된 아이들은 눈치가 그야말로 빛의 속도로 빨라진다. 이것은 그들의 생존 행동이다. 자녀는 자신을 대하는 엄마나 아빠의 냉랭한 태도나 행동에서 많은 상처를 받게 된다. 엄마가 싫어하는 아빠의 모습을 닮았다거나 아빠가 싫어하는 엄마의 모습을 닮은 자신이 미워지는 상황에 이르기도 한다. 비단 이혼가정에서만 일어나는 일은 아니다. 심한 갈등을 겪고 있는 부부 사이에서도 얼마든지 생길 수 있는 일이다.

최근 한 방송인의 사연을 우연히 듣게 되었다. 그의 부모님은 이혼하진 않았다. 그러나 아버지의 심각한 폭력으로 인해 어릴 때부터 아버지가 돌아가실 때까지 매일매일 불안과 공포 속에서 지내야 했고 성인이 된 지금 그것이 트라우마로 남게 된다. 그는 아버지보다 몸이 커지고 힘도 세진 성인이 되었음에도 80이 넘은 아버지 앞에서는 여전히 공포에 떨던 어린아이가 되어버린다. 술에 취해 가족들에게 거침없이 주먹을 휘두르는 아버지의 모습을 오랜 세월 동안 지켜보며 자신은 절대 그렇게 되지 말아야겠다고 결심하게 된다. 성인이 된 지금까지 거울을 통해 자기 얼굴을 볼 때마다 아버지를 닮아있는 자신이 보기 싫었고 그 뒤로 그는 거울을 보지 않게 된다. 차라리 아버지가 죽었으면 좋겠다는 마음이 들었을 정도로 그는 아버지에 대한 분노가 극에 달해 있었다. 이미 그 분노는 그를 향해 있었다. 이 사연에 빠져있는 순간 아빠를 닮았다는 이유로 엄마에게 좋지 않은 말을 들었던 8살의 어린 내가 기억이 났다.

부모님이 헤어지시고 나는 아빠 쪽에서 양육되었다. 그런 이유로 자연스럽게 엄마는 만날 수 없었고 따로 엄마를 만나는 건 아빠도 원하지 않았다. 그때만 해도 부모가 이혼하면 함께 살지 않는 다른 한쪽 부모를 만나는 것이 힘들었던 시절이었다. 물론 지금도 여러 가지 이유와 사정으로 인해 헤어져 있는 한쪽 부모를 만난다거나 연락하는 일이 어려운 경우는 얼마든지 있지만 말이다. 나는 아빠와 살면서 엄마에 대한 비난과 원망 섞인 부정적인 이야기들을 종종 듣곤 했다. 마치 헤어진 원인이 모두 엄마에게만 있는 것처럼 말이다. 특별히 엄마에 대한 미움의 감정이 없었던 10살 어린 나이의 나는 충격과 실망감이 이루 말할 수 없이 컸다. 물론 엄마의 좋지 않은 면이라는 것이 기껏해야 아빠의 시선에서 그렇다는 것이지 모든 사람이 공감하며 경악할 만한 수준은 아니었다. 그러나 그 당시 내가 좋아하고 의지했던 엄마의 부정적인 면을 대면한다는 것은 어린 나로서는 이해하고 받아들이기 힘든 부분임에는 틀림이 없었다. 그것도 일방적으로 말이다. 그런 이유로 나는 엄마에 대한 미움의 감정을 싹틔우기 시작했고 그것은 점점 분노로 변해 갔다. 미움과 원망 분노로 내 가슴을 가득 채웠고 꿈꾸던 성공마저도 나쁜 엄마에게 복수하기 위한 수단으로 전락하고 말았다. 엄마 없이도 잘 자랐다는 것을 꼭 보여주고야 말겠다는 결심을 한 것이다. 긍정적인 에너지에서 나온 행복한 성공이 아니라 복수를 위한 성공을 꿈꾸고 있었다. 너무 끔찍하지 않은가? 복수를 위해 최선을 다해 성공을 꿈꿨을 어린 내가 얼마나 힘들었을까를 생각하니 참 안쓰럽기도 하다. 그 당시 엄마에게 향했던 분노만큼이나 아빠를 향한 분노도 예외는 아니었다.

'그렇게 말하는 아빠는 왜 가정을 지키지 못했어? 왜 나에게 행복한 가정을 만들어 주지 못했어? 아빠 잘못도 있는 것 아니야? 왜 비겁하게 엄마 탓만 하는 거야? 너무 무책임하잖아! 실망스러워. 내 아빠라는 사람이 이것밖에 안 되는 사람이었어?'

나는 아빠도 미워하기 시작했다. 아빠의 외모를 닮은 나도 싫어졌다. 내가 싫어하는 아빠의 성격과 식성조차도 닮아있는 내가 미웠다. 너무 싫었다. 짜증 날 정도로 싫었다. 회피하고 싶었다. 그런 나는 나에게 엄격했고 내 자연스러운 감정과 욕구조차도 무시했다. 나는 나를 존중하지 않았다. 복수하기 위해 성공의 칼날을 갈았던 나는 매사에 전투적인 삶을 살며 자신을 괴롭혔다. 그래야 한다고 생각했다. 그래도 괜찮다고 생각했다.

어느 날 내가 초등학생 때의 일이었다. 학교 수업을 마치고 집으로 가는 길에 우연히 만난 아빠 친구분이 나를 보자마자 웃으며 말하는 것이었다.

"어이구야! 너 금열이 딸이지? 엿허~아빠가 누구라고 말하지 않아도 니가 누구 딸인지 금방 알겠다. 완전히 쏙 뺐다 뺐어. 하하하하."

나는 생각했다. '내가 그렇게 아빠를 많이 닮았나?' 순간 짜증이 났지만 참았다. 사실 나는 둘째 고모와도 많이 닮았다. 우연히 고모의 젊은 시절에 찍었던 작고 낡은 증명사진을 보게 되었는데 깜짝 놀랐다. 내 사진이 그곳에 있는 것이 아닌가! 내가 봐도 나는 고모의 젊었을 때 모습이었다. 닮아도 닮아도 그렇게 많이 닮을 수가 없었다. 나는 고모께 왜 내 사진이 이곳에 있냐며 너스레를 떨었고 고모부와 한바탕 웃었던 기억이 난다.

자녀가 부모의 외모를 닮는 것은 너무나 당연하고 자연스러운 현상이다. 게다가 성격이나 식성, 행동, 말투 등 많은 것들이 닮는다. 부모를 닮는 것이 자녀에겐 축복이 되어야 한다. 부모를 닮고 싶은 마음이 생기는 것, 그리고 부모를 닮은 자신을 좋아하는 것, 자랑스럽게 여기게 되는 것, 그것은 분명 부모의 몫일 것이다. 점점 나이가 들어가는 내 모습을 볼 때마다 깜짝깜짝 놀라는 일이 생긴다. 거울 속에 엄마가 있기 때문이다. 짧은 머리에 파마를 했더니 영락없이 엄마 모습이다. 앞머리 숱이 적어지고 머리카락이 얇아지고 윤기가 없어졌다. 없던 주름이 생기고 있던 주름은 깊어졌다. 앞머리에 흰 머리카락이 눈에 띄기 시작했다. 미치겠다. 엄마의 모습이었다. 여태 아빠를 닮았다고 생각했던 내 모습에 엄마도 있었다. 기분이 참 묘했다. 내가 어릴 때부터 미워하며 복수의 칼을 갈았던 엄마의 모습이 아닌가! 결과적으로 엄마와 아빠의 모습을 모두 닮아 있는 나 자신을 미워하고 있었다. 엄마가 어느 날 한숨을 쉬며 말했다.

"꼭 너는 어쩌면 그런 것까지 나를 닮았냐! 그런 것은 안 닮아도 되는데 에휴~"

당신의 싫은 성격까지 닮아있는 큰딸이 못 내 안타까웠던 모양이다. 재미있는 건 나는 그것을 내 강점이라고 생각하며 사는 사람이라는 것이다. 부모는 자녀에게 자신을 투사해 동일시하기도 한다. 마치 분신처럼 말이다. 자신의 또 다른 자아라고 생각한다. 그러나 자녀는 부모가 아니다. 될 수 없다. 불가능하다. 엄연히 전혀 다른 인격체이기 때문이다. 그러니 부모는 자녀들을 자신과 또는 배우자와 동일시하는 것을 멈춰야 한다. 인생도 전혀 다르게 펼쳐진다는 것을 기억해야 한다. 부모는 부모, 자녀는 자녀의 인생에 주인공이며 각자의 인생 시나리오를 쓰는 작가이기 때문이다. 기억하길 바란다. 혹, 당신도 나처럼 부모를 닮은 자신을 미워하거나 싫어하거나 거부하지 않길 바란다. 다시 말하겠다.

당신과 당신의 부모는 전혀 다른 사람이다. 또 다른 가치를 지닌 완전히 다른 인격체이다. 부모와 당신은 분리되어야 한다. 동일시하는 것을 멈추어라! 부모는 부모고 당신은 당신이다. 삶 자체도 다르게 흘러갈 것이다. 왜냐하면 전혀 다른 사람이 인생 시나리오를 쓰기 때문이다. 나는 이제야 겨우 내가 좋아졌다. 대견해졌다. 그리고 믿음직스러워졌고 자랑스러워졌다. 응원해 주고 싶어졌고 보호해 주고 싶어졌다. 존중해 주고 싶고 따뜻하게 안아주고 싶어졌다. 이렇게 되기까지 많은 세월이 흘렀다. 하지만 후회하지는 않는다. 어쩌면 그 여정조차도 나에겐 필요한 시간이었을 수 있기 때문이다. 당신도 그랬으면 좋겠다. 빨리 당신이 당신을 좋아하는 날이 찾아오길 바란다.

이 글을 읽는 당신이 나보다 빨리 나보다 앞서 당신을 사랑하게 되고 응원해 주게 되고 따뜻하게 위로하게 되고 보호해 주게 되었으면 좋겠다. 스스로 부모와 닮았다고 해서 미워하고 원망하고 거부하면서 보내기엔 세월이 너무 짧다. 당신은 나보다 세월을 아꼈으면 좋겠다. 비록 서로 원망하고 비난하며 자녀에게 상처를 주는 완벽하지 않은 부모이지만 그 부모를 닮은 우리는 축복이었다는 것을 깨닫게 되는 그날이 빨리 오길 소망한다.

에필로그

진정한 나를 찾는 것, 나의 소중한 가치를 아는 것, 진짜 나와 마주하는 것은 너무나 중요하다. 이는 내가 만드는 나의 삶을 온전히 살아가기 위해서 선행되어야 한다. 우리는 그동안 부모의 이혼으로 인해 우리도 모르는 사이 많은 역할을 부여받았고 그것이 마치 자기 모습인 듯 살아왔다. 변화된 가정의 구조로 인해 부여된 역할과 세상이 우리에게 부여한 역할, 그리고 스스로 만들어 낸 역할들을 해내며 살아왔다. 한쪽 부모의 정신적 대리배우자 역할, 동생들을 돌봐야 하는 작은 부모 역할, 이혼가정이라는 불명예를 다시 회복시키려 좋은 성적을 받고 반장을 하고 상을 타오는 등의 성자와 영웅의 역할, 가족 사이의 갈등과 팽팽한 긴장감을 완화하기 위한 마스코트 역할, 가정 문제의 초점을 흐리기 위해 문제를 일으켜 그것을 해결하도록 가족의 힘을 모으는 희생자 역할, 가정에 크고 작은 문제들을 일으켜 가족이 합심해서 결국 치료에 참여하도록 하는 봉사자의 역할 등 말이다. 사실 이러한 역할 놀이는 비단 이혼가정의 자녀들만의 문제는 아니다. 부모가 있는 역기능 가정에서도 얼마든지 일어날 수 있는 문제들이니 너무 이혼가정의 문제라고만 치부하지 않길 바란다.

너무나 오랜 세월 역할 놀이를 충실히 해 온 탓에 진짜 당신이 누구인지를 찾는 여정은 길어질 수 있다. 그러나 낙심하지 않길 바란다. 이제 깨달았으니 그 역할 놀이를 멈추면 된다. 그리고 당신에게 부여된 페르소나를 벗어버리면 된다. 자신의 유일하고 독특하며 소중한 가치를 깨닫고 진정한 자기 모습을 찾아 살면 된다. 내가 내 인생의 주인공이 되어 살아가면 된다. 이는 우리 인간에게 태어나면서 부여되는 자격이며 권리이다. 완벽하지 않은 부모의 양육으로 인해 우리의 가치가 일그러졌다면, 또 이혼가정의 자녀라는 세상의 편견으로 인해 우리의 가치가 찢기고 깨졌다면 다시 회복하면 된다.

이 세상에 존재하는 모든 것은 각각의 가치와 특별한 의미가 있다. 하물며 사람은 말할 것도 없다. 그러니 자신을 하찮게 여기거나 업신여기거나 함부로 대하지 마라. 당신이 어떤 사람인데 그런가! 당신은 이 세상에 태어날 때 감동과 감격 그 자체였다. 이것은 당신이 태어날 때 당신의 부모가 어떤 생각과 태도를 보였었는지는 상관없다. 당신은 그 자체가 고귀한 존재다. 이것은 이 세상 그 누구도 반박할 수 없는 진리다. 그러니 당신 자신에 대해서 애정을 가지고 바라보라. 이번 기회를 통해 당신의 가치를 당신만의 언어로 새롭게 정의하길 바란다. 세상의 공격이나 편견

따위가 당신을 좀먹지 않도록 먼저 당신의 진짜 모습으로 우뚝 서라! 이 책을 통해 부디 당신의 소중한 가치가 새롭게 태어나길 나는 희망한다. 다음 두 번째 책 '미쳤다! 부모의 이혼이 고마워지는 순간이 왔다!'에는 최악의 상황에서 우리는 어떤 마음가짐과 태도를 보여야 살 수 있는지, 우리를 공격하는 수많은 편견을 어떻게 제압할 수 있는지 다시 한번 나의 생생한 사례를 통해 당신에게 이야기하려 한다. 이제 나는 당신과 나의 당당하고 아름다운 삶을 위해 다음 여행으로 출발하려 한다. 자! 준비되었는가? 그렇다면 GO! GO!

나는 이혼가정의 자녀입니다

초판 1쇄 발행 | 2023년 2월 16일

지은이 | 류에스더
펴낸이 | 김지연
펴낸곳 | 마음세상

주 소 | 경기도 파주시 한빛로 70 515-501

신고번호 | 제406-2011-000024호
신고일자 | 2011년 3월 7일

ISBN | 979-11-5636-513-6 (03190)

원고투고 | maumsesang2@nate.com

* 값 14,500원

* 마음세상은 삶의 감동을 이끌어내는 진솔한 책을 발간하고
있습니다. 참신한 원고가 준비되셨다면 망설이지 마시고 연락
주세요.